Forestier

Selon Louise

LES ÉDITIONS **LA PRESSE**

Catalogage avant publication de Bibliothèque et Archives nationales du Québec et Bibliothèque et Archives Canada

Forestier, Louise,
Forestier selon Louise : pas d'choker pas d'collier
Autobiographie.
ISBN 978-2-89705-053-5

1. Forestier, Louise, 1942- . 2. Chanteurs - Québec (Province) - Biographies.
3. Acteurs - Québec (Province) - Biographies. I. Titre.

ML420.F67A3 2012 782.42164092 C2012-942129-4

Directrice de l'édition Martine Pelletier
Éditrice déléguée Nathalie Guillet
Auteure Louise Forestier
Photos de la page couverture © Ronald Labelle (Louise jeune),
© Laurence Labat (Louise maintenant)
Conception graphique Cyclone Design Communications
Directrice de la commercialisation Sandrine Donkers
Révision Michel Rudel-Tessier
Correction Yvan Dupuis

L'éditeur bénéficie du soutien de la Société de développement des entreprises culturelles du Québec (SODEC) pour son programme d'édition et pour ses activités de promotion.

L'éditeur remercie le gouvernement du Québec de l'aide financière accordée à l'édition de cet ouvrage par l'entremise du Programme de crédit d'impôt pour l'édition de livres, administré par la SODEC.

Nous reconnaissons l'aide financière du gouvernement du Canada par l'entremise du Fonds du livre du Canada (FLC).

Dépôt légal – 4e trimestre 2012
ISBN 978-2-89705-053-5
Imprimé au Canada

LES ÉDITIONS **LA PRESSE**
Présidente
Caroline Jamet
7, rue Saint-Jacques
Montréal (Québec) H2Y 1K9

À mon fils Alexis

REMERCIEMENTS

Pour sa sensibilité à fleur de mots et son impitoyable rigueur d'une délicatesse irrésistible, merci Nathalie Guillet.

Pour son écoute salvatrice, merci M.-F. Boudreault.

Pour son attitude «belli-gérante», merci Sophi Carrier.

Pour les liens d'amitié toujours resserrés dans une trajectoire créatrice inspirante, merci Caroline Jamet.

Pour l'équipe solide qui m'appuie avec bienveillance, merci Sandrine Donkers, Martine Pelletier.

Pour des heures de transcription de verbatim, merci à Édith Pelletier-Legendre, Marie-Josée Létourneau et Dominique Rivard qui ont tapé les entrevues avec Georges.

Pour des entrevues qui ont réveillé ma mémoire, préalables à l'écriture, merci Georges Nicholson.

Pour les photos si révélatrices de ma jeunesse et pour sa discrétion respectueuse, merci Ronald Labelle.

Pour une photo qui frappe sans faire de mal, merci Laurence Labat

Pour une couverture qui illustre si bien le contenu du livre, merci Caroline Desrosiers.

Pour Lucie Chicoine qui m'a offert le pouvoir de la peinture, merci.

Pour attiser la rumeur avec une énergie lumineuse, merci Brigitte Chabot

Pour ses recommandations toujours pertinentes, merci Dany Laferrière.

Pour l'encouragement amical et complice, merci Arlette Cousture.

Pour la pureté de votre langue et l'horizon encore lumineux de vos œuvres, merci Jacques Poulin.

Forget your perfect offering
There is a crack in everything
That's how the light gets in

Leonard Cohen

LA COMMODE

Un jour que je flânais dans un miteux bazar / j'ai trouvé par hasard une vieille commode/ Je l'ai reconnue / il y a de ça longtemps je l'avais vendue / voilà qu'elle m'attend / Je sais c'qu'il y a dedans et je n'en veux plus de ces souvenirs pesants qui m'avaient tant déçue / Mais voilà que je l'ouvre à l'insu du marchand / et que je redécouvre l'odeur de mes vingt ans / Une odeur de tabac de fêtes et de repas / de feux de la Saint-Jean et de marijuana / Dans le tiroir du bas / mes lettres de rupture que je ne postais pas pour clore mes aventures / Des histoires mal finies qui ne finissaient pas /des larmes et des cris que je gardais pour moi / Mais voilà qu'aujourd'hui je réentends tout ça / que ça semble petit et tellement loin de moi / Mais il y a un tiroir qui ne s'ouvrira pas / celui de notre histoire est-il encore là ? / Je demande au marchand combien vaut cette ruine / « Débarrassez-moi-z-en », me dit-il en riant / Malgré ses écorchures faut la déménager pour connaître la fin de cette aventure / Car je me meurs d'envie de briser la serrure / je voudrais voir dedans / connaître le futur / Mais rien ne peut l'ouvrir / J'entends des voix me dire que si je l'approche elle saura me punir / C'est comme un coffre-fort dont j'aurais perdu le code / Je ne fais plus d'effort / je change de méthode / C'est parfait je l'ignore je la monte au grenier / je retrouve la clef que j'avais oubliée / Soudain plus rien ne presse / Je sais que c'est ma jeunesse que je voudrais reprendre au fond de ce tiroir… ce serait trop commode

LOUISE FORESTIER

PROLOGUE

La peur et l’extase ou perdre les pédales…

J'AI QUATRE ANS, SUR LA QUATRIÈME RUE, *à Shawinigan, je tourne le coin de la ruelle pour comprendre trop tard que la pente est très à pic. Ma tricyclette*[1] *s'emballe et moi je m'énerve. Ma jupe m'aveugle, retroussée par le vent, ça crie autour de moi : « Elle va se faire écraser ! » D'une main, je repousse ma jupe, je perds le contrôle, j'en perds les pédales. Je vois les autos sur le boulevard en bas, mes lunettes s'envolent, arrachées par l'accélération, et je comprends que je suis en danger, la peur s'imprime à tout jamais dans mon système nerveux, mes synapses se dérèglent, je crie NÉNETTE ! NÉNETTE ! – c'est le nom de ma poupée, je l'aime tellement. Soudain deux mains me soulèvent de terre et je vois ma tricyclette se faire écraser sous mes yeux. Je pleure ou je hurle ou je ne fais rien, je ne sais plus. Mes parents sont au travail et j'ai échappé à la surveillance de ma grand-mère Alice.*

J'ai six ans, jour de ma première communion. Pas de robes blanches pour les premières communiantes en ce printemps 1949, mais une tunique marine, une blouse blanche et un voile avec une petite couronne. Je suis très excitée à l'idée de chanter à la cérémonie, mais Roland, le « fou du village » de son surnom, m'attend en bas de l'escalier sur le pas de la porte. Pour vingt-cinq sous, je dois toucher à quelque chose de dur dans son pantalon. Je le repousse de toutes mes forces

---

1 Je voulais une bicyclette, j'ai eu un tricycle, je l'ai nommé tricyclette.

pour me sauver de sa mauvaise haleine et de ses yeux épeurants, mon voile se déchire. Je cours, je pleure en retenant mon voile pendouillant, « deux nœuds pis ça paraîtra pas » me dit ma maîtresse d'école, Mlle Lafontaine. Je me console rapidement avec l'odeur de l'encens qui m'attend dans l'église, ça me calme. Une drogue douce, pourrais-je dire ?

Dix minutes plus tard, ma voix s'amplifie dans l'écho de l'église, elle flotte et je flotte avec elle, accrochée aux ailes de ses harmoniques, je suis un ange. Tous ces rituels religieux, des messes aux vêpres, en passant par les baptêmes et les confirmations, tout ce temps passé sur les bancs d'église, je le préfère aux bancs d'école, c'est mon terrain de jeu, je suis seule avec les autres et on m'écoute pour une fois. J'exulte sur mon banc d'église, je sais que dans quelques minutes je serai dans l'allée centrale. Bien sûr, mon cœur bat très vite mais ça n'est pas douloureux, j'ai chaud partout dans mon corps, je suis fiévreuse sans doute, toute cette adrénaline m'allume comme le plus gros lampion de l'église. Je ne me pose pas de questions sur ma « performance », à savoir si je serai bonne ou non, je ne suis pas encore une professionnelle : aucun trac ne vient gâcher mon plaisir comme ça sera le cas plus tard dans ma carrière.

Toute ma vie je rechercherai ces sensations intenses, le stress et la jouissance entremêlés. Le paradoxe est mon « ordinaire », comme le ménage était celui des femmes à la maison dans les années quarante. Pour les uns, il y a le sport extrême, pour moi, il y a le stress extrême. C'est pourquoi je dis : « Je n'ai pas de mémoire, je n'ai que de l'imagination. » Et voilà que je suis aux prises avec cette peur de la vitesse et ce besoin d'extase dans les tripes.

Ces sensations extrêmes, je les trouverai en chantant.

PREMIER TIROIR

Le corset

J'AI QUATRE ANS, NOUS PASSONS NOS ÉTÉS DANS NOTRE MAISON DE CAMPAGNE DE SAINTE-FLORE, pas très loin de Shawinigan où nous habitons. Par une belle journée de septembre, je joue dehors avec ma petite sœur. Soudain, la bonne sort de la maison en pleurant. Elle vient de mettre le feu aux rideaux de la cuisine. Sous nos yeux, la maison de campagne flambe, et devant les ruines fumantes, je vois mon père qui, avec l'aide d'un monsieur, soutient ma mère dont les pieds traînent dans la gravelle du chemin. Pendant un instant, je crois qu'elle est morte. D'un côté, les ruines de la maison, de l'autre, les cris et les pleurs de mes parents. La bonne a mis le feu pour maquiller le vol de la nuit précédente. Son chum est entré par effraction dans la maison, il a forcé le modeste coffre-fort de mon père qui contient les frais d'admission de son « business college », il a tout pris. C'est ce qu'elle avouera à mon père quelques heures plus tard.

Plus rien n'a été pareil dans la famille après cet événement. Finis les feux de foyer. Brûlés les lits qui s'emboîtaient dans le mur (summum de la modernité) et conçus par mon père, brûlés l'escalier et le balcon qu'il avait rénovés. Finies, les longues soirées d'été passées sur le balcon à écouter les amis de passage de mes parents, qui venaient de partout.

Shawinigan était une ville prospère dont les industries de pâtes et papiers et d'aluminium attiraient des ingénieurs et des chercheurs du monde entier. J'avais la permission de les écouter. Après quelques whiskys canadiens, mon père demandait aux invités de chanter une chanson de leur pays. Ainsi le polonais, l'anglais, le hongrois, le russe résonnaient dans toute la maison jusqu'au champ du voisin où broutaient des vaches qui avaient l'habitude de venir lécher le sel dans ma menotte d'enfant tandis que je leur chantais des chansons de vaches ! (Un, deux, trois, quatre, ma p'tite vache a mal aux pattes…)

Je crois que ma fascination et mon ouverture aux étrangers (et aux vaches) viennent des partys sur le balcon de Sainte-Flore. Mes parents étaient ouverts intellectuellement. Je ne les ai plus revus heureux après l'incendie de la maison, le feu a tout détruit entre eux. J'ai su des années plus tard que mon père n'avait pas assuré la maison et que ma mère ne lui a jamais pardonné cette négligence.

Nous rentrons à Shawinigan, dans notre troisième étage en haut du « 5-10-15 », sur la cinquième Rue. Mon père ne peut retrouver l'équilibre financier. En plus de l'incendie de sa maison de campagne de rêve, il a contre lui les sermons virulents du curé contre son business college : « Cette école de communisses ! » Par naïveté ou peut-être par une attirance inconsciente vers l'échec, il a remplacé les cours de religion par des cours de philosophie et de morale. Tout ça est admirable, mais il joue avec le feu (et c'est peu dire) en 1947 sous Duplessis à Shawinigan. En 1949, presque excommuniée, la famille part pour Montréal, et je pleure et je pleure.

Cinq ans plus tard, je termine ma septième année en première de classe pour prouver à mes parents que je peux faire de grandes études. Je rêve de faire mon cours classique, mais mes parents ne comprennent pas l'importance de ce désir. Contre mon gré, on m'inscrit en huitième année du cours commercial. À ce que je sache, je n'ai jamais rêvé au secrétariat. Je ne fous rien de l'année. Je suis tendue, désagréablement en maudit contre mes parents qui ne m'ont pas encouragée. Je me sens perdue au fond de la classe comme quelqu'un qui ne comprend pas de quoi on parle autour de lui. Où sont les déclinaisons latines si chantantes à mes oreilles, et l'algèbre si belle et si savante à mes yeux sur l'ardoise noire ?

Je me ferme comme une huître, mon père voit à quel point je suis malheureuse en découvrant une courbe insolite dans mon dos, une scoliose causée par la tension de mes muscles dorsaux. Ma frustration est à ce point violente qu'elle freine ma croissance.

« Elle ne pourra pas avoir d'enfant », a dit l'orthopédiste à ma mère dans le corridor de l'hôpital de Verdun. Ma mère a pleuré. J'ai tout entendu. Je suis à moitié nue, couchée sur le ventre sur un lit d'hôpital. Les internes, après m'avoir examinée sous toutes mes coutures, quittent enfin la chambre. Humiliée, je ne veux plus me lever, je veux disparaître dans le matelas, je veux que la porte se ferme et que cette chambre devienne mon tombeau.

Quatorze ans plus tard, j'accoucherai d'un fils !

Mon désarroi touche mon père. Il fait tout pour combler mon vœu : aller au Collège Marguerite-Bourgeoys. Il demande une réduction des frais de scolarité aux religieuses, leur expliquant que je veux absolument faire mon cours classique et que je suis prête à faire les éléments latins pendant l'été pour économiser une année de paiement. Elles acceptent à mon grand soulagement.

J'entre au collège avec un signe particulier sur le dos : un appareil orthopédique composé d'une plaque de cuir maintenue par des sangles sur l'abdomen, et suivant la courbe du dos, une plaque de métal qui soutient une béquille, de la taille à l'aisselle gauche. Mais j'ai relevé mon défi. Je vais au collège Marguerite-Bourgeoys et j'apprends enfin le latin et l'algèbre.

Je réussis mon année de syntaxe, très fière de moi. Comme cadeau : pas de vacances pour moi en cet été 1956. Je dois me trouver une job d'été. Je dois payer pension : cinq piastres par semaine. Je gagne dix-neuf piastres par semaine au septième étage du pavillon Le Royer de l'Hôtel-Dieu. Vider les bassines et jeter les fleurs fanées dans l'incinérateur, trouver une patiente morte pendant son sommeil, assister aux crises de larmes des jeunes étudiantes infirmières à peine plus âgées que moi, mais déjà conscientes de leur statut social. Je suis très seule. Pour ces jeunes infirmières, je suppose que je suis une femme de ménage avec un drôle de dos.

Gagner ma vie, sans cesse je me répète ça : « Gagner ma vie ! » Je ne rêve pas au mariage. Fonder une famille ? L'image de la mienne me déprime trop. L'argent, pour moi, c'est l'indépendance, la clef pour m'évader de la lourdeur de ma famille. L'assurance de retourner au collège à l'automne me donne le courage de continuer mon travail à l'hôpital.

Quand je rentre le soir, la maison est presque vide. Il y a seulement mon frère qui n'a pas voulu aller au bord de la mer avec mes parents et mes deux sœurs. Je me réfugie dans ma petite chambre avec un évier et une pharmacie au-dessus. Une ancienne chambre de bonne, sans doute. J'aime cette maison à deux étages de la rue Oxford à NDG. Il y a une cour et des arbres matures, il y a surtout un escalier. J'aime les escaliers, ils me fascinent. Ouvertures vers ce que je ne peux pas voir et que je verrai si je les grimpe, à quatre pattes, sur les fesses, debout. Dans les films romantiques, il y a toujours des escaliers. Pour aller rejoindre un amoureux, peut-être ? J'en rêve, ma solitude est vertigineuse, j'ai peur de tomber, alors je tiens la rampe. En attendant, une fois en haut de cet escalier de la rue Oxford, c'est ma chambre, ma cachette qui m'attend.

Je ne le sais pas encore, mais dans quelques semaines, je devrai céder mon refuge. Mes parents le loueront à un jeune Français, charmant et cultivé, qui travaille avec mon père. Je dormirai sur un divan avec une craque dans le milieu et une garde-robe en carton dissimulée derrière la porte battante de la salle à manger, laquelle a aussi deux portes vitrées qui donnent sur l'entrée de la maison. Pour l'intimité, on repassera ! Tous les matins, je serai réveillée par les discours agressifs de mon père qui s'emporte devant le jeune Français, que ma mère semble admirer de plus en plus.

Quelques mois plus tard, mon père m'aménagera un coin dans la cave avec une fenêtre donnant sur un mur de brique sans rideaux ni stores pour le cacher. Seul avantage : j'aurai mon entrée privée dans la cave… et surtout ma sortie ! Délivrance. Mais pour le moment, j'ai encore ma chambre et je retourne au collège en septembre.

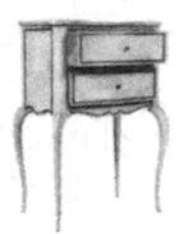

J'aime mes études et, sans être une première de classe, ce qui ne me dérange pas, je réussis bien. Les religieuses sont jeunes, bonnes profs, les activités sportives nombreuses. Le médecin m'a permis d'enlever mon corset pour faire du sport. Je le vois encore, dans le fond de ma case comme un chien squelettique attendant sa maîtresse. Dans nos petites tuniques courtes, avec nos *bloomers*, des culottes couvrant nos cuisses, en blouses à manches courtes, en bas golf, on est *cutes*. L'amitié, l'illusion d'appartenir à une certaine élite, l'uniforme, un deux-pièces bleu marine, jupe évasée ligne A, blouse de coton à manches courtes pouvant être blanche, jaune, rose ou bleue. Bas de nylon beige, porte-jarretelles pour les soutenir. Veston mi-ajusté et col de blouse rabattu sur le veston. Les souliers... ah! Les souliers sont en libre choix. Ils doivent quand même être plats, mais c'est là que la différence de classe s'affiche. C'est connu: tout est dans la semelle. Les plus riches portent des souliers lacés en suède aux semelles minces. Les autres, dont moi et deux autres élèves, portent des souliers lacés en cuir avec des grosses semelles. D'autres petits détails me révèlent les signes de richesse. Des coupes de cheveux aux ongles polis, des soutiens-gorge de dentelle frôlant le décolleté des blouses au maquillage subtil (car il est défendu), j'ai très tôt compris qu'il n'y aura que moi pour me payer un jour ce genre de luxe, personne d'autre.

Un de mes grands plaisirs de fin de semaine, c'est d'aller chez mes amies Suzanne ou Andréa pour écouter de la musique. Elles ont des tourne-disques portatifs dans leurs chambres. On s'installe sur le lit, on se fait des coussins avec les oreillers. On parle plus qu'on écoute, mais sans que l'on sache pourquoi, une chanson parvient à nous faire taire, c'est *L'Âme des poètes* de Charles Trenet. Et puis la jasette reprend de plus belle, en général on parle des gars. Le mot *cute* revient sans cesse. C'est LE mot à la mode ! Bientôt, on aura notre premier party dans le sous-sol de chez Suzanne où trône un gros meuble brun, un tourne-disque géant. C'est chez elle que je découvre Georges Brassens et Gilbert Bécaud. Chez mes parents, il n'y a que des soixante-dix-huit tours d'opéras. J'ai passé ma jeunesse à les écouter avec mon père. J'ai envie de connaître la musique de mon temps.

Entre mes parents, tout est au « mauvais fixe », c'est pourquoi je me sauve souvent chez mes amies pour rire et écouter de la musique. Chez Andréa, je découvre Nat King Cole. J'entends un autre son, une autre façon de chanter et – surprise ! – l'envie de danser. De plus, l'anglais me fascine, je le baragouine dans la ruelle de la rue Marcil avec mes premiers *kicks* irlandais. Je trouve ça sexy de parler une autre langue. Cette nouvelle langue, qui sonne si différemment de la mienne dans ma bouche et dans celle des chanteurs américains, est liée à ma curiosité sexuelle d'une façon sensuelle et troublante. Mon premier *french* fut avec un Irlandais.

Un jour, Suzanne me fait écouter Félix Leclerc. Elle ne se doute de rien en me montrant la pochette du trente-trois tours, elle ne sait pas que je le connais.

Après l'incendie de la maison de campagne de Sainte-Flore, nous nous étions réfugiés chez notre voisin, le frère de Félix, c'est là que je l'ai rencontré pour la première fois. En le voyant, j'ai été touchée par la beauté masculine. (Beau comme le Survenant, que je n'avais d'ailleurs encore jamais vu, le premier de ces hommes qui viennent de nulle part et qui malheureusement ne vous emmènent nulle part. Mais ça je ne le savais pas encore. Un modèle qui me plaira toute ma vie.) Je me suis collée contre sa jambe pendant qu'il chantait ses chansons. Ce jour-là, il m'a dit : « Celle-là, elle est pour toi. » C'était *Notre sentier.*

Douze ans après ma première rencontre avec Félix, je l'ai revu à l'occasion d'un récital au collège. L'excitation était à son comble, car rares étaient les artistes qui venaient donner un spectacle à l'école. J'étais particulièrement troublée par sa visite et je n'arrivais pas à vraiment écouter ses chansons. Ça me ramenait à Sainte-Flore. Après le récital, je suis allée le saluer en coulisses, je me suis présentée : « La petite Louise de chez votre frère Paul ». « La petite Bellehumeur ! », m'a-t-il dit en m'embrassant sur les deux joues. J'étais heureuse de le revoir.

« Très beau spectacle, monsieur Leclerc », mais une question me brûlait les lèvres : « Est-ce que vous vous souvenez de la maison brûlée à Sainte-Flore ? »

Je n'ai pas osé lui poser cette question.

Le lendemain, toutes les élèves m'ont regardée autrement. Peu de temps après, j'ai décidé d'écrire des poèmes. Influence du concert de Félix peut-être ? Chaque année, on organisait un concours de poésie au collège. Il fallait en faire la lecture sur scène. J'ai gagné le premier prix des « juniors ».

LE VENT

Le vent est l'orgue de barbarie
Des rues sans pauvres
Il traîne le long des murs gris
Son écho morose.
Le vent sur le corps bouillant
du gueux à l'âme froide
Lèche les sueurs de son flanc
Et dans ses yeux éteints ce regard moite.
Le vent aux cheveux des filles
Qu'il éparpille
Le vent récite les mots
Que les rêves ont trouvé beaux,
Le vent aux yeux des gars
Qu'il rend béats
Le vent lave un nuage
Que la poussière a privé d'hommage.
Le vent bavard, le vent railleur
Quand il s'accorde au son d'un cœur
Va partout pour chanter
L'accord qu'il a dérobé.
Le vent folichon
Joue avec la terre au ballon
Il la fait tourner
Et peut la faire pleurer.

LOUISE BELLEHUMEUR (SEIZE ANS)

DEUXIÈME TIROIR

Le miroir cassé

À LA FIN DE MA VERSIFICATION, j'apprends que je ne retournerai pas au collège l'an prochain. Trois ans après mon entrée, je dois abandonner mon cours classique, mes parents n'ont plus les moyens de payer mes études. Je suis triste, je me sens humiliée devant mes camarades de classe. Mes parents m'expliquent que j'ai deux jeunes sœurs et que l'on ne peut pas tout donner à la même. Je paye pour les autres qui ne manifestent pourtant aucun intérêt pour des études classiques.

Je dois trouver du travail. Il y a une pression terrible à la maison. Je dois gagner ma vie. Je ne parle pas très bien anglais et, comme cette langue me plaît, je veux l'apprendre. Sans anglais, point de salut à cette époque. Je décide que la banque est un endroit parfait pour l'apprendre, c'est la langue de l'argent, comme dit mon père. Je ne comprends d'ailleurs pas pourquoi il dit toujours ne pas avoir d'argent, ne parle-t-il pas très bien anglais ? Je me sens la petite pauvre parmi les gens aisés de NDG comme j'étais la petite pauvre au Collège Marguerite-Bourgeoys.

Je vais passer ma première entrevue pour un travail. Je me revois dans ma jupe étroite, il est évident que je n'ai jamais marché avec des talons hauts, mes mollets tremblent une fois assise en face du monsieur qui me parle anglais. Il pleut ce jour-là, dans mon cœur ainsi que sur le *head office* de la Bank of Montreal, rue Saint-Jacques.

Le monsieur me pose des questions. Je peux les comprendre, mais y répondre se résume à : « Yes, mister » ou « No, mister ». J'ai la job ! Avec mes trois mots d'anglais, j'ai la job à la Bank of Montreal, coin Girouard et Monkland, à deux pas de chez mes parents où j'habite encore.

Je commence aux *ledgers,* machines à imprimer les dépôts ou les retraits des clients. Les conversations sont rares devant une machine à *ledgers.* Un jour, je demande un poste de caissière au gérant qui fume le cigare à longueur de journée dans son bureau ouvert pour surveiller son *staff* féminin: « I will try you », me dit-il en m'expulsant la fumée de son cigare en plein visage. J'ai comme compagne de travail une Anglaise d'Angleterre. Elle m'aime bien. Elle est maternelle avec moi. Vu l'ambiance familiale de plus en plus triste à la maison, ça me fait du bien. J'ai donc appris l'anglais avec un genre d'accent british. J'aime ça, il y a quelqu'un d'autre en moi. Je joue à la caissière british et Miss Latimer se moque de moi avec son beau sens de l'humour… british.

Un mardi midi, je quitte la Banque au pas de course. J'ai très chaud, est-ce la canicule ou l'apparition inopinée de sœur Sainte Anatolie devant mon guichet ? La capine arrogante et le regard hautain, elle prend bien le temps de me jauger, puis me lance avec sa voix de stentor (que toutes mes consœurs de travail ont sûrement entendue) :

– Aaaah ! Quelle surprise de vous voir derrière les barreaux, mademoiselle Bellehumeur. Alors, vous êtes caissière ?

— Euh, pas vraiment, je suis ici pour apprendre l'anglais. Mais à part ça, j'écris des chansons !

Je n'ai pas écrit une mausus de chanson de toute ma vie, mais ce face-à-face me provoque, comme jamais je ne l'ai été.

— Vous écrivez des chansons ? Tiens, ça me fait penser : il y a une fête au collège pour l'Action de grâce. Pourquoi ne viendriez-vous pas nous chanter vos petites chansons ?

— Euh... oui.

Je ne sais plus quoi dire, l'énormité de mon mensonge me terrorise.

— Au revoir. À dans deux mois, dit la religieuse avec, ma foi, un air plus crédule que moi sur ma photo de première communion.

Je rentre à la maison le cœur en mode marche funèbre (rapide), je me trouve ridicule d'avoir proféré un tel mensonge et l'angoisse me pince le cœur. Je me précipite vers la salle de bain, ma serviette hygiénique déborde, je transpire dans ma blouse de nylon blanche et ma gaine est tachée. Vite dans l'eau froide. Sur la barre à serviettes de ma chambre, une gaine, ridicule pour une fille de seize ans, mais en 1958, les fesses doivent être dures et le plus immobiles possible. En fouillant dans mon tiroir de sous-vêtements, je croise mon visage en sueur dans le miroir au-dessus de la commode. Je me trouve laide, grasse. Pour dire la vérité, je ne me trouve pas. Je déteste la vie que je mène. Sans réfléchir, je lance un soulier dans le miroir. Il se brise en mille morceaux.

Le lendemain, je donne ma démission à la Bank of Montreal. Pas un mot de reproche de la part de mes parents, mais pas de conversation pour m'apaiser non plus. Je dois changer ma vie. Par quel moyen ? En attendant, j'ai deux mois pour écrire un récital d'une demi-heure, huit chansons. La pente est raide, mais le mollet ferme !

Je me précipite chez Georges, le chansonnier du quartier, pour lui demander quelques conseils.

– T'as pas apporté ta guitare ?

– J'en ai pas !

Au magasin de musique, j'achète une Stella à cordes de métal pour 27 dollars.

Le lendemain soir, je suis mon premier cours de guitare. Georges m'enseigne cinq accords que je répète sans arrêt. Pendant un mois, je répète ces cinq accords qui serviront de base à mon répertoire. La corne sur mes doigts s'épaissit, je souffre de moins en moins. Je suis en état d'urgence ; j'ai peur comme autrefois sur ma tricyclette. Ce qui m'inquiète le plus, c'est : par quoi on commence, les paroles ou la musique ? La réponse vient vite : les deux ensemble ! Il ne reste qu'un mois et je n'ai qu'une seule chanson : *La vie n'est plus là.*

La vie n'est plus là, c'est toi qui l'as tuée
Elle a disparu dans tes amours blessées
Prends tes godasses, tes guenilles et ton sort
Et puis va près du saule pleurer.

Pleurer était la réponse à tout durant mon adolescence et le mot «godasses», c'était beaucoup pour me différencier de la chanson «canadienne».

Pour m'inspirer, j'écoute Marie-Josée Neuville, jeune auteur-compositeur-interprète française. Je me ferai des tresses comme elle, peut-être que ça donne du talent.

J'avais vu un jour dans un livre de photos célèbres dans les années cinquante la photo d'un Noir pendu à un arbre en pleine campagne. Cette photo m'avait révoltée. Ça me revient en mémoire, mais voilà : je bloque musicalement ; mes quelques accords ne me suffisent plus. La veille de mon récital, j'ai l'idée de faire un tam-tam de ma guitare comme pour rappeler les battements de cœur frénétiques de la blonde du gars quand elle retrouve son amoureux pendu pour avoir aimé une Blanche. C'est l'histoire que je m'invente à partir de cette photo. Le texte suit le rythme, je compose le premier rap québécois sans le savoir.

Le récital approche, je dors mal et je me tourmente beaucoup pour mon costume de scène. En 58, les chanteuses portent des robes de scène. Je pense à Juliette Gréco et à ses longues robes noires. Noir, je serai habillée en noir. C'est la mode existentialiste. Col roulé noir en grosse laine, bas noirs, souliers à talons plats en suède noir… Soudain, le drame ! Je n'ai pas de jupe noire, juste une jupe de laine plissée à carreaux rouges et verts. L'air d'avoir un gros cul. Ce sera celle-là... Ce détail me hante à un point tel que mes chansons, dont j'ai oublié les titres, me semblent secondaires. Pas le temps de les trouver mauvaises.

Jour de l'Action de grâce. Petit étui de guitare en carton, petite guitare dedans, petite chanteuse sur la rue Notre-Dame-de-Grâce qui s'imagine que tout le monde se retourne sur son passage parce qu'elle a l'air d'une artiste. Pas déplaisant, tout ça !

Beaucoup moins drôle une fois arrivée dans la classe qui me sert de loge. Seule (je n'avais rien dit de tout ça à ma famille), j'attends sœur Sainte-Anatolie. J'ai chaud dans mon chandail existentialiste. Pour me rassurer, je m'assois à mon ancien pupitre, deuxième rangée près de la fenêtre, et je ne pense qu'à une seule chose : vite que ça commence pour que ça finisse. Sœur Sainte-Anatolie vient me chercher, je la trouve toujours aussi énervante, assez que j'en oublie d'accorder ma guitare. Je suis dans un état de panique avancé, les battements de mon cœur sont plus forts que le bruit de mes pas sur le terrazzo du couloir. C'est le couloir de la mort et je veux mourir...

La porte s'ouvre sur ma classe de versification de l'an dernier. Les filles sont déchaînées, ovation avant d'avoir entendu quoi que ce soit. En essayant d'accorder ma guitare, je leur raconte ma rencontre miraculeuse à la banque avec sœur Sainte-Anatolie et l'engagement qui s'en est suivi. Et je m'exécute, dans les deux sens du terme. Ce spectacle était pour moi une façon de leur dire que j'allais réussir ma vie sans mon cours classique.

En rétrospective, je ne me souviens pas d'avoir carburé sur le succès de l'événement. Comme je ne fréquentais plus mes amies de collège, je n'ai pas eu de commentaires de leur part, peut-être m'auraient-elles encouragée ? Comment se fait-il que je n'aie plus jamais touché une guitare ? Est-ce que la frousse que j'ai ressentie avait été plus forte que le plaisir ? Peut-être parce que personne n'était là pour me donner le souffle qui m'aurait permis de monter plus haut, surtout pas ma pauvre mère dépressive... Heureusement que mon père était là pour réagir aux urgences.

TROISIÈME TIROIR

La déprime

À SEIZE ANS, TOUT ME SEMBLE LOURD À PORTER. J'ai le sentiment de n'avoir rien choisi dans ma vie. Tout m'est imposé, l'arrêt de mes études, ma scoliose – oh que ne l'ai pas *choisie*! Après mon récital devant mes anciennes camarades de classe, deux longues années n'en finiront pas de finir. Je n'écris ni ne touche plus à ma guitare. C'est ma première déprime, mais je ne connais pas ce terme encore. Je trouve l'existence sans relief et j'en veux à la vie d'être injuste. Je ne mérite pas d'avoir dû arrêter mes études contre mon gré et ça me plonge dans une déprime paralysante. Drôle d'âge pour n'avoir envie de rien. Déjà, je n'ai aucune naïveté face à la vie. Moi qui veux voir la vie en rose, je n'y vois que du noir.

Je n'habite plus ma chère maison de la rue Oxford, mes parents l'ont vendue, les affaires vont mal. L'agonie de leur mariage n'arrange pas leurs finances. La famille fragilisée déménage rue Brodeur, toujours à NDG, où je passe mon temps à me questionner sur mon avenir. Nous vivons au rez-de-chaussée d'un duplex sombre et triste, à l'image de ce que vit la famille.

J'entends les sanglots de ma mère la nuit et, derrière, la voix de mon père. Ils sont sur le point de se séparer. Une nuit, je me lève pour aller chercher un verre d'eau et pour chasser l'angoisse aussitôt ravivée par la lumière qui fuit sous la porte de la chambre de mon frère Christian. Je frappe à sa porte mais il ne répond pas. Je frappe une autre fois encore, puis, inquiète, je pousse la porte, mais il l'a bloquée en plaçant un meuble devant. Mon grand frère se cache, il se sauve de Saint-Jean-de-Dieu[2], il craint la police, tout le menace, tous lui en veulent.

Mes nuits sont habitées par les sanglots de ma mère et le silence de mon frère. Une autre nuit, alors que je frappe pour une énième fois à sa porte, elle s'ouvre. La chambre semble vide, sauf qu'une respiration saccadée provient de sous le lit où mon frère s'est caché, sans doute terrorisé par les sanglots de ma mère. Je lui demande s'il veut un verre d'eau. Lentement, comme un vieillard, il s'extirpe de sous le lit, il s'assied, l'air aussi triste que perdu. On boit un verre d'eau. De quoi avons-nous parlé ? De rien sans doute, car il n'y a rien à dire devant l'épouvantable gâchis de notre famille.

« À demain, Christian, tu vas m'ouvrir ta porte pour le déjeuner ? » J'étais la seule qui pouvais l'approcher entre ses séjours à Saint-Jean-de-Dieu. On lui faisait des électrochocs et ses médicaments le faisaient énormément engraisser ou maigrir. On était dans les années cinquante et les psychotropes étaient trois fois plus puissants qu'aujourd'hui.

2 Aujourd'hui Louis-Hippolyte Lafontaine.

Le logement de la rue Brodeur est invivable pour moi. Je n'ai pas retrouvé de travail, je m'ennuie, je m'éteins… Puis je vois un peu de lumière, je rencontre un garçon. On veut se fiancer. Ma mère fait sa connaissance, je n'ai pas souvenir d'une grande joie, une poignée de main et vite la question habituelle : « Et que fait votre père ? » « Maître d'hôtel. » J'ai cru que ma mère allait s'évanouir.

J'ai ma chambre à moi et une fois encore une pharmacie à miroir au-dessus de l'évier. C'est mon coffre aux trésors. J'achète des petits savons roses, bleus et jaunes, du mercurochrome, des diachylons, et c'est aussi là que mes parents découvrent (en fouillant dans mes affaires) les préservatifs qu'on emploie, mon chum et moi. Ils savent maintenant que je ne suis plus vierge. Mon père semble soulagé : au moins je me protège.

Quand il me dit que ça n'est pas un moyen de contraception sûr, j'ai une douleur au ventre, j'ai l'impression d'être violée.

Comme ils ignorent tout de ma vie et ne semblent pas vraiment contrariés par cet état de fait, leur indiscrétion me révolte. Je les trouve condescendants à mon égard. Je les supplie de sortir de ma chambre et de ma vie et, en passant, je leur recommande de divorcer au plus vite tellement ça paraît qu'ils ne s'aiment plus !

Sous l'égide d'un monsieur qu'une amie me présente, sûrement engagé par la commission scolaire, je trouve du travail : j'enseigne la diction dans une école primaire pas loin de Montréal. À sept heures du matin, le monsieur vient chercher trois jeunes filles, dont moi, au coin de Sherbrooke et De Lorimier.

Il nous emmène à Valleyfield dans une école primaire où nous enseignons la diction aux enfants. Sans aucun matériel pédagogique, sans formation en diction sauf une bonne oreille, je me retrouve devant une classe de trente-deux filles auxquelles je fais réciter le *Je vous salue, Marie.*

L'enseignante assise au fond de la classe me dévisage comme si je venais de blasphémer. Je sens qu'il en faudra plus pour l'impressionner, alors je demande aux filles de se lever et de s'imaginer qu'elles sont seules dans leur chambre, lorsque soudain, dans un nuage rose, la Sainte Vierge leur apparaît. Elles décident alors de lui réciter un Ave pour lui faire plaisir ! Je me sens ridicule. Ouf ! Les semaines suivantes, j'utiliserai les fables de La Fontaine que l'enseignante m'a gentiment prêtées. Je ne sais pas comment je me suis embarquée dans cette galère, mais quand je revois Valleyfield, j'ai les blues aller-retour.

Entre-temps, c'est fini avec mon chum, je vivote, je grignote mon avenir qui n'a aucune saveur, je perds ma gang d'amies, je ne vois plus personne, je suis effrayée par le vide de ma vie. J'attends peut-être qu'on me parle de mon spectacle déjà lointain, et qu'on m'encourage. C'est troublant, j'ai un tel besoin d'encouragement et en même temps je ne cherche pas les approbations. Je tiens ma famille loin de moi, mon premier public, j'ai peur de les mettre dans le coup. J'ai toujours eu une répulsion à montrer mes émotions à ma famille. Je ne supporte aucune proximité avec ma mère, je ne veux en aucun cas lui ressembler. Je suis en pleine crise d'adolescence, déçue de ma famille.

Avec mon père, c'est différent. Il s'était très peu occupé de moi durant mon enfance, il travaillait tout le temps, et quand il s'occupait de moi, c'était pour m'enseigner à rouler mes r, moi qui grasseyais si bien. Voulait-il, sans le savoir, faire une chanteuse d'opéra de moi? Ou alors, il m'apprenait à faire le ménage le samedi… pour aider ma mère qui était si fatiguée. Je constate, avec le recul, l'intolérance que peuvent avoir les enfants face aux faiblesses de leurs parents. Mais quand on n'explique pas un minimum aux enfants, ils se racontent eux-mêmes des histoires souvent plus terribles que la réalité familiale.

Heureusement, il y a la musique, et mon idole Glenn Gould, que j'écoute tous les soirs en me berçant. J'angoisse, c'est ma principale occupation. Je parle anglais, d'accord, mais toute seule ! Je me dis que je ne n'ai aucun phare pour m'empêcher d'échouer sur des îles désertes où de nombreux naufragés ont frôlé l'abîme. Quand je m'y retrouve, souvent sous forme de cauchemar ou comme dans un roman de Dostoïevski (je lis léger !), je ne perçois aucune différence entre ces intermèdes terrifiants et la vie anormale que je mène. Je n'ai pas d'amoureux, j'ai encore mon corset – mais plus pour longtemps, heureusement –, reste que c'est quand même une armure repoussante pour tout adolescent normal. Je suis prisonnière dans mon corps, dans ma tête ; mon cœur est dans l'eau comme un poisson rouge dans un bocal trop petit et trop sale. Un matin je prendrai mon « armure » et je la mettrai à la poubelle comme une vieille carcasse qui a fait son temps.

Lire m'aurait fait du bien, mais je ne lis pas... Je suis dans une sorte de torpeur. C'est pourtant la lecture qui m'avait sauvée de la déprime quand j'étais enfant. Rue Lajeunesse au coin d'Henri-Bourassa, il y avait une bibliothèque en haut du poste de pompiers. La caserne existe toujours, je l'ai revue il y a quelques mois, ça m'a rappelé à quel point la lecture m'avait sauvé la vie. Je lisais des *Sylvie hôtesse de l'air,* et surtout les *Signes de piste,* dessins des héros à l'appui : Christian, le beau brun, et Éric, le beau blond, ont été mes deux fantasmes masculins, uniformes de scouts, culottes courtes, mèche rebelle sur l'œil. Je lisais couchée avec mes deux scouts, je rêvais qu'ils étaient mes amoureux et, lorsque, des années plus tard, j'ai rencontré la copie conforme de Christian-le-beau-brun, je suis tombée follement (dans le vrai sens du mot) amoureuse de lui.

Le remède à cette déprime de mes seize ans ne sera pas la lecture...

Après ces mois difficiles, je rencontre un jeune homme qui me parle de cours de théâtre chez Lucie de Vienne Blanc. Ce jeune homme m'intéresse plus que les cours, je retrouve le goût du plaisir, je renais, il semble que je sois jolie et talentueuse selon mon nouvel amoureux.

Il me parle de l'École nationale, une toute nouvelle école de théâtre. Les auditions auront lieu dans quelques semaines. Je décide d'y aller et…

QUATRIÈME TIROIR

L'École nationale

« SI VOUS N'ÊTES PAS ACCEPTÉE, que ferez-vous, mademoiselle Bellehumeur ? » me demande Jean Gascon juste après mon audition.

La question ne se posera pas, je suis acceptée. Ma vie change complètement. J'ai du talent, la preuve : je suis acceptée à l'École nationale de théâtre ! Je me sens appréciée pour la première fois de ma vie.

À sa fondation, l'École nationale de théâtre était située rue de la Montagne entre Sainte-Catherine et Dorchester (maintenant René-Lévesque), là où les anciens combattants venaient chercher leurs chèques de pension. Un immeuble des années vingt où la direction de l'ENT (une école bilingue) louait quelques locaux, dont un gymnase poussiéreux avec un vieux piano abandonné sur la scène, tellement faux que c'en était beau !

Les élèves, anglais et français, passent la matinée ensemble. Escrime (j'haïs ça à mort), danse africaine, expression corporelle, tout ça dans nos collants noirs qui sentent la « sainte enfance », pauvres que nous sommes, et trop crevés, après huit heures de cours et quatre heures de job le soir, pour laver nos collants. Il n'y a pas encore de possibilité de bourses, ça viendra un peu plus tard. Au début des années soixante, nos frais de scolarité s'élèvent à 700 dollars par année. Je devrai donc 2100 dollars trois ans plus tard, une somme que je rendrai en *cash* cinq ans plus tard, tellement fière de mon geste.

Je travaille pour vivre. Durant mes études, je suis serveuse à l'hôtel Lasalle, rue Drummond, de huit heures le soir à trois heures du matin, avec en guise d'uniforme un pagne enroulé autour du corps et une fausse fleur dans les cheveux. Je suis une vahiné quatre soirs par semaine. J'endure pendant deux mois les avances grossières des messieurs qui rêvent de nous arracher nos pagnes comme on arrache la peau d'un saucisson. Ensuite, je vends des bonbons au Cinéma Élysée du docteur Ostiguy au coin Milton et Clark. Je vois tout : de Godard à Antonioni en passant par Fellini, Truffaut et Rohmer.

Pendant ma troisième année d'école, je suis ouvreuse à la Place des Arts. En 1963, à l'ouverture, je conduis le maire Drapeau dans sa loge. J'assiste à tous les spectacles, concerts, ballets, récitals. Un soir, Peter Paul and Mary, chanteurs folk américains, donnent un spectacle et j'ai une révélation. C'est ça que je veux faire, je veux chanter ! Après le spectacle, je frappe à la porte de la loge de Mary pour la féliciter. Elle est gentille et m'invite à prendre un verre au bar de son hôtel avec ses partenaires. Avec mon anglais approximatif du Québec, j'ose accepter. Je lui raconte un peu mes études et mon désir de chanter, elle me demande : « Alors chante-moi quelque chose. » « OK », dis-je. *Ah toi belle hirondelle*, juste un couplet. Elle est impressionnée et me dit : « *That's it, you're a singer !* » Jusqu'à trois heures je l'écoute me parler du métier. Le lendemain, je suis apaisée : je sens que j'ai un plan B.

À l'école, les après-midi sont consacrés aux répétitions de la pièce du mois. Beaucoup d'auteurs français : Giraudoux, Molière, Racine... Comme nous sommes douze dans ma classe, les profs doivent répartir les premiers rôles en tranches : premier, deuxième et troisième actes. Les profs ont évidemment des chouchous qui jouent souvent les troisièmes actes (les meilleurs, là où le sang gicle, là où les larmes coulent).

Je vis les jalousies, les paranoïas inhérentes à ce métier de groupe où tout est à fleur de peau. Ça fait partie de l'apprentissage. Il n'y a pas de justice, que je me dis. Il n'y a que des relations humaines plus ou moins saines entre les profs et les élèves. Comme dans la vraie vie. Le seul prof dont je suis amoureuse ne semble pas attiré par moi et, de plus, il a femme et enfant. Bien élevée, je me tiens loin des hommes mariés...

À la fin de chaque mois, devant tous les élèves, on joue avec des accessoires dérisoires et des jupes longues à multiples usages. Le lendemain, devant toute la classe, les critiques me laissent parfois défaite, l'ego déchiré. Apprendre à accepter une critique, sentir la honte monter en deux secondes tellement on peut être blessé, ou simplement être privé de la joie de pavoiser dans les couloirs de l'école devant les malheureux qui se sont fait descendre, et piler sur son orgueil pour dire à la « chouchou » qu'elle est bonne quand elle l'est. Grosse journée.

L'été, on déménage toute l'école à Stratford, en Ontario. C'est là-bas que des liens plus solides et des amitiés profondes vont prendre racine. Je découvre Charlebois, toujours en train de faire de la musique, Mouffe et son humour étonnant, Louisette Dussault, intelligente et drôle, Michèle Magny, qui restera une amie très importante, et ses fils qui sont toujours près de moi, Marylin Lightstone, maintenant peintre, que j'admire comme comédienne et que je côtoie encore après cinquante ans d'amitié dans nos valises.

À Stratford, nous logeons chez l'habitant, mon nouvel amoureux Grégoire et moi, dans une ferme près du village. Nous voyageons en scooter, cheveux au vent, c'est le bonheur. On va voir du Shakespeare, on n'y comprend rien, mais les acteurs sont beaux. Je croise Christopher Plummer dans un party. Intimidant… mais marié ! Les fins de semaine, on campe au bord du lac Huron, guitares, bongos, bières, les profs nous suivent, la comédienne Denise Pelletier (impressionnante) fête sur la plage un peu plus loin avec les acteurs shakespeariens toujours aussi beaux. La rumeur veut qu'ils trinquent au champagne.

Jean-Pierre Ronfard (tout frais débarqué de France et beau de bonheur en découvrant ce pays qui deviendra totalement le sien) en profite pour nous faire jouer du Aristophane sur l'herbe, sous les arbres, dans les arbres, avec les arbres, devrais-je dire. Tombé amoureux du Québec, amoureux du théâtre, il m'a communiqué sa joie de vivre et m'a enseigné le plaisir au bout de la peine. Les plus belles années de ma jeunesse sont occupées, entre autres, à regarder Jean-Pierre dévorer la vie voracement et joyeusement.

Un jour, un grand *slack* à peine plus âgé que nous apparaît en salle de cours. Il nous fait improviser. C'est du jamais vu à l'école, dans notre langue et avec notre accent, en québécois. Wow ! Quelques-uns d'entre nous se révéleront, dans cette « autre » langue, d'une justesse de jeu, d'une vérité qui nous touchera et qu'on reconnaîtra comme étant la nôtre. On ne joue pas de pièces québécoises à l'école, et puis il y en a très peu à part Marcel Dubé, Gratien Gélinas… Michel Tremblay viendra en 1968. En attendant, on improvise avec Marcel Sabourin – le grand *slack* – qui, quelques années plus tard, écrira de très beaux textes, complètement éclatés, pour Charlebois, dont *Egg generation.* (Entre autres *Tout écartillé.*)

Après trois ans d'école, nous partons en tournée, toute la classe, pour jouer du Molière dans les écoles francophones des régions éloignées. Le Canada de bord en bord avec nos malles en rotin de « jeunes comédiens » dans lesquelles nos costumes sont remisés. Le matin, premier spectacle de la journée à neuf heures. Les costumes, gelés par des nuits passées à moins vingt dans les camions, se tiennent debout derrière nous pendant qu'on se maquille. Glacials, imperturbables, à l'image des jeunes élèves de français pour qui nous jouons et qui se câlissent complètement de Molièèèèère.

Pour la première fois, je voyage au Canada et je

découvre un pays très différent du Québec. La vue d'un grizzly assis sur un rocher regardant passer le train m'impressionne, j'imagine qu'il attend sa blonde venue directement de Winnipeg et qui sautera du train en l'apercevant.

Le retour à Montréal est difficile. Il faut dire que tous les retours sont difficiles pour moi... En tournée, le quotidien n'existe plus. En 1965, les téléphones ont des fils et sont aussi dans des cabines, on peut donc couper nos attaches facilement. Pas d'engagements en vue, pas d'agent pour me convoquer aux auditions, pas de répondeurs quand je ne suis pas chez moi. Il faut renouer avec le milieu, « faire les corridors » de Radio-Canada et accrocher le regard d'un réalisateur qui laisse sa porte ouverte pour voir passer la marchandise. Je le ressens comme ça. Je déteste cette quête sur les « trottoirs » de la maison.

C'est pourquoi, insécurisée par l'attente et sans un sou en poche, je décide de monter un tour de chant. Me tourner vers le chant ne signifie pas l'échec pour moi. J'ai toujours su que je savais chanter, j'ai confiance, mais pour moi chanter ça n'est pas sérieux, pas comme le théâtre. Et pourtant, je gagnerai rapidement ma vie avec la chanson et c'est elle qui me fera connaître.

Pas étonnant qu'à la question de Jean Gascon : « Si vous n'êtes pas acceptée à l'école, qu'allez-vous faire ? » spontanément j'aie répondu : « Je vais chanter » — ce que j'ai fait.

Sa question m'avait tout de même dérangée. À la fin de ma troisième année à l'école, par un samedi après-midi de répétition entre élèves, je décide de fouiller dans les classeurs des bureaux pour y lire mon dossier. J'apprends ce jour-là que, dans ma promotion, j'avais été la dernière à être acceptée !

Bon, ça m'a fouettée. Je ferai tout pour leur prouver qu'ils se trompent.

CINQUIÈME TIROIR

La petite robe verte

JE SUIS DEVENUE FORESTIER un soir chez Clairette, qui tenait une boîte à chansons rue de la Montagne. J'avais passé une audition l'après-midi même.

« Comment t'appelles-tu, mon petit ? » Je ne réponds pas, je suis persuadée que j'ai un nom de clown (Bellehumeur) qui, prononcé avec l'accent marseillais de Clairette, fera éclater de rire les quelques spectateurs dans la salle. Clairette attend ma réponse. Soudain, du fond de ma mémoire, j'entends : « Forestier, Forestier, vois mon bas qui descend, qui descend, qui descend... », texte de chanson du *Maître Puntila et son valet Matti* de Brecht, musique de Kurt Weill, dont Louisette Dussault et moi avions refait la musique avec l'audacieuse permission de Jean-Pierre Ronfard à l'ENT.

Alors, je réponds à Clairette : « Forestier. » Silence.

« Forestier ? T'es certaine, mon petit ?

– Forestier. »

Ce sera Louise Forestier pour toujours.

Clairette me regarde comme si je m'étais transformée en épinette. C'est un peu ça, l'image que j'ai dans ma tête, je suis certaine de faire vachement québécoise avec un nom pareil, les forêts, les arbres, la nature sauvage qui correspond à celle de mon enfance en Mauricie.

Le soir venu, Clairette me présente : « Mesdames et messieurs, ce soir nous assistons au premier spectacle d'une jeune chanteuse. Accueillez-la chaleureusement : Louise Forestier. »

À mon tour : « Bonsoir, mesdames et messieurs. Ce soir, j'ai pour vous un lac de Gilles Vigneault, un coup de vent de Georges Dor et une rivière de Robert Charlebois, un jeune auteur-compositeur de mon âge. » Un lac, le vent et une rivière[3]. Je portais bien mon nom...

Et c'est parti ! Je n'ai pas mon accompagnatrice avec moi. C'est Marcel Rousseau qui m'accompagnera, ça m'insécurise beaucoup, mais il en a vu d'autres. Il a accompagné la ville entière et tous les francophones de passage qui viennent finir la soirée chez Clairette, dont Jacques Brel. Je ne l'ai pas rencontré le soir de mon premier show à vie. Tant mieux, je me serais évanouie.

Encouragée par ce premier spectacle, je demande une audition au Patriote. Acceptée ! Je choisis mon répertoire avec Grégoire.

Il me faut une robe de scène pour mon audition. Elle sera verte et décolletée en pointe, sans manche, taille empire. Elle descendra juste en bas du genou. Des bas de nylon, une gaine porte-jarretelles et des souliers à talons hauts. Ma mère cousait une fois de temps en temps, nous voilà chez Marshall's, le grand magasin de tissus rue Sainte-Catherine près de Drummond. Il y a des centaines d'énormes catalogues à consulter. Une visite chez Marshall's pouvait durer deux heures facilement. C'était toujours plein. Les femmes cousaient beaucoup à l'époque : c'est connu, elles ne travaillaient pas !

---

3 *J'ai pour toi un lac*, *Le vent* et *La Boulée*.

Des milliers de rouleaux de tissus, des comptoirs gigantesques. J'aime ce magasin, le bruit des ciseaux, le geste théâtral de la vendeuse qui déroule le tissu. Je choisis du poult-de-soie, on disait « peau de soie », c'est un beau nom pour un tissu de robe de scène, c'est comme du satin, mais plus mat. Ma robe sera verte, d'un vert frais. Des années plus tard, à Paris, un directeur de théâtre est devenu hystérique quand il m'a vu entrer avec un manteau vert. J'ai dû l'enlever sur-le-champ. Je ne savais pas qu'à Paris cette couleur portait malchance sur scène. Je n'ai jamais été superstitieuse…

D'après moi, ce qui porte malheur sur scène, c'est le manque de confiance, la peur, et aussi l'ego qui oublie de rester dans la loge.

Ma petite robe verte ne me portera pas malheur. Le jour de mon audition, Yves Blais et Percival Bloomfield, les fondateurs du Patriote, la boîte à chansons du temps, sont dans la salle pour m'écouter. Je suis prête, accompagnée par Monique Lacasse, jeune diplômée de Vincent-d'Indy qui joue Ravel à merveille. J'ai préparé quelques chansons : *La Boulée* de Charlebois, *Summertime* de Gershwin (qu'on m'interdira de chanter *because* en anglais). Je la chanterai quand même, je ne supporte pas ce nationalisme outrancier et je suis fière de parler anglais. Mais pendant que je la chante à mon premier show, les patrons du Patriote ferment les spots, un *black-out* sur scène ! Et moi j'ose leur dire : « Messieurs, ça ne se fait pas. » Ils me répliquent : « Chanter en anglais, ça ne se fait pas ici non plus. » Je réponds : « Interrompre une artiste non plus ! »

Le public (à peu près dix personnes) m'applaudit. J'en profite pour terminer la chanson. Les lumières se rallument, je ne suis plus sûre de vouloir revenir chanter ici. Finalement, je cède à leur demande : fallait ben que je gagne ma vie. Toutes les autres chansons sont en français : *Le Condamné à mort* de Jean Genet et Hélène Martin, *La Prison de Londres,* folklore que j'accompagne aux cuillères, *Celui-là,* jazz de Michel Legrand.

J'ai soigneusement évité le répertoire des vedettes du temps. Pauline Julien et Monique Leyrac ont mis certains auteurs-compositeurs au monde dans les années soixante. Si je n'avais pas entendu les chansons de Vigneault et de Léveillée interprétées par Leyrac, et celles de Raymond Lévesque, de Ferland et de Gauthier par Pauline, je les aurais trouvés bien fades, ces auteurs-compositeurs si peu interprètes à mon goût. De toute façon, pour éviter les comparaisons lors de mon audition, je me suis obligée à trouver des chansons originales ou très différentes du répertoire de celles de mes consœurs.

Toujours est-il que mon audition est réussie, je chanterai une semaine sur deux pendant un an au Patriote.

Le décor du Patriote est lugubre. Les taxidermistes font fortune au Québec en 1966, c'est à qui aura le plus beau hibou empaillé sur les murs de son salon. Un des leurs est passé par là, y laissant des spécimens des habitants de nos belles forêts québécoises : un castor, une chouette, un raton laveur, une tête de chevreuil, parmi des filets de pêche et des cages à homards, le tout accroché sur un mur de bois de grange. Dans ce décor réjouissant situé rue

Sainte-Catherine près d'Alexandre-DeSève, au deuxième étage, on pourra découvrir cette année-là deux jeunes chanteurs. Une interprète et un auteur-compositeur, tout mince, beau comme un prince, qui sortait des taudis de Ville Jacques-Cartier avec ses «Sandwichs à moutarde et sa rue Sanguinet[4]»: Claude Dubois. On nous offre de chanter en alternance, chacun sa semaine, du mardi au samedi.

Le samedi, on fait la première partie du spectacle des vedettes de l'heure: Monique Leyrac, Raymond Lévesque, Renée Claude, Pauline Julien, Ricet Barrier, Anne Sylvestre, entre autres. La salle est toujours pleine, je meurs de trac, mais je m'en sors bien, du moins je le crois, personne ne parle quand je chante. Je n'ai pas de contacts avec les vedettes. Elles ont leur entourage et leur grande loge. Je n'ose pas les approcher, mais je les écoute, et j'apprends.

Je veux me faire un nom avec un répertoire différent des vedettes de l'époque: du Charlebois première mouture, dont *La Boulée, Les Ouaouarons, Le Monument national, Complainte de presqu'Amérique*, même chose avec Georges Dor. Je les invite à mes spectacles pour leur donner le goût de m'écrire des chansons. Je suis jeune, jolie, intelligente, et j'ai des couilles. (Quel beau titre!!!)

Le Patriote, pendant des années, sera un vivier pour toute une nouvelle génération d'auteurs-compositeurs et d'interprètes. Les femmes sont surtout les interprètes. Il n'y a pas beaucoup d'auteures, à part Clémence Desrochers, et bien peu d'entre elles vont marquer la chanson québécoise. C'est un monde d'hommes. Je n'écris pas encore, ça viendra…

---

4 Tiré de *Ma p'tite vie* et de *J'ai souvenir encore*.

Pendant mon séjour au Patriote je passe une audition à Radio-Canada. Je porte ma robe verte et je ne suis pas nerveuse – du moins, je ne crois pas l'avoir été. Pendant que je chante, j'ai le sentiment de réussir l'audition. Il y a dans le jury une dame très élégante que je connais de réputation puisqu'elle anime une émission de variétés : Lucille Dumont. J'ai choisi de chanter, entre autres, *J'ai pour toi un lac* de Vigneault. Mme Dumont a dû aimer mon travail et me recommander aux réalisateurs, car deux semaines plus tard je chanterai la même chanson à *Music-Hall* animé par Michelle Tisseyre. C'est ma première émission de télé, elle est en direct et j'ai un trac énorme. Je n'ai pas demandé à Grégoire de m'accompagner. N'ayant pas de gérante, je suis toute seule dans ma loge avant l'émission et toute seule aussi après l'émission. Je n'ai pas grand souvenir de mon passage à la télévision, sinon que je ne suis pas sortie de là étourdie de plaisir, persuadée d'avoir moins bien chanté qu'à mon audition. Le public me manque, la caméra énorme n'a rien de sexy, ça bouge autour de moi, ça me rappelle le studio d'enregistrement.

Pour rentrer chez moi, je prends l'autobus, ma housse sur le bras. (On est loin de la limousine de *Star Académie.*) Je trouve étranges tous ces regards tournés vers moi dans l'autobus. À la maison, devant mon miroir, je réalise que le maquillage de télévision fait dur dans la vraie vie…

Voilà ! Je fais mes débuts officiels dans ce qu'on appelle le plus beau métier du monde. J'écris ça en souriant maintenant. En rétrospective, je ne revois pas que de la lumière. Quelquefois, elle s'éteint, la lumière, sur des salles à moitié pleines… Mais lumière ou pas, comme disait si bien Luc Granger dans *Pourquoi chanter*: « pour le plaisir, le pur plaisir d'échanger quelque chose », ça vaut le coût. Les périodes de vaches maigres finiront bientôt. *There's no business like no business*, comme l'a si bien écrit, dans les années soixante, un auteur inconnu sur le mur d'une banque du centre-ville.

Heureusement, je me bâtis une « confiance financière » aussitôt que je reçois mes premiers cachets. J'aurai toujours du travail, pas de place pour ce genre d'angoisse, que je me dis. C'est comme pour ma voix, je ne vais pas m'enfoularder et vivre les fenêtres fermées de peur d'attraper une laryngite. J'ai même, ô scandale, fumé jusqu'à cinquante ans. Comme j'avais développé une aversion profonde pour les alcooliques, à cause de toutes les conneries causées par l'alcool, je buvais peu — même chose pour la drogue : j'en ai vu dériver vers le large et ne plus retrouver l'entrée des artistes.

Moi, c'est avec l'amour que je me suis le plus intoxiquée. La dépendance affective, quelle plaie pour quelqu'un qui, fondamentalement, aime vivre seule (je ne dis pas sans amoureux) ! Je n'ai pas été éduquée pour faire face à la solitude, le célibat est considéré comme un échec encore aujourd'hui. La réussite affective, c'est le couple aux yeux d'une certaine société.

Au Moyen Âge, j'aurais été religieuse (sûrement dans les chœurs) ou putain. Tiens, ça me rappelle une remarque qu'un élève anglophone de l'ENT m'avait faite :

« *You're half a nun, half a whore !* » *Cute !* Hein ?

SIXIÈME TIROIR

L'escalier des pauvres

ÇA COMMENCE À MARCHER, je ne manque pas de travail. Chanteuse ou actrice, à ce moment-là ça n'a pas d'importance. Je gagne ma vie ! Après le Patriote, à l'été 1966, je chante au Théâtre La Marjolaine dans une comédie musicale, *Ne ratez pas l'espion*, d'Hubert Aquin, Claude Léveillée et Louis-Georges Carrier, réalisateur à la télé. Je retrouve Robert Charlebois qui fait carrière d'auteur-compositeur. Il n'a fait que deux ans à l'École nationale pour chanter au plus vite. Comme moi, il a réussi son audition pour cette comédie musicale, mais ce qui le fait tripper ce sont les shows de fin de soirée au bar du théâtre où il chante. Je découvre ses nouvelles chansons. C'est encore son répertoire de bon p'tit gars, mais *Lindberg* s'en vient. J'aime beaucoup improviser avec les musiciens, mais un jour Cousineau, devant le public, me demande de me taire parce que ce n'est pas mon tour d'improviser. Il a raison, je ne connais pas les règles du jazz. J'aurais aimé les apprendre autrement. Malaise…

Depuis mon départ de l'ENT, chanter remplit ma vie. Mon amoureux, Grégoire, voit les événements se précipiter. Après notre sortie de l'ENT, sa vie est plus difficile, il n'a pas beaucoup de travail. On vit ensemble, dans un petit trois et demi de la rue Saint-Claude, sans eau chaude, sans douche, avec un vieux poêle à l'huile comme chauffage. Avec l'aide des amis de l'école, on installe une douche, on loue un chauffe-eau et une fournaise au gaz. Mon souvenir le plus représentatif de notre mode de vie, c'est le déménagement du piano, par nos copains, dans l'escalier étroit, tout croche, aux marches raboteuses. Des années plus tard, lors du tournage du *Négociateur,* Julien Poulin me rappellera qu'il était un des déménageurs.

Cet escalier est la métaphore de notre vie amoureuse : tout croche, à pic, mal éclairé. Je suis pourtant très amoureuse de Grégoire. Il se détachait du lot parmi les autres élèves de l'école. Son regard, tout d'abord, des yeux noirs d'une intensité troublante… Une aura mystérieuse qui l'entourait. La rumeur disait qu'il avait vécu à New York, qu'il avait une bibliothèque d'au moins cinq cents livres (et c'était vrai, j'ai pu le vérifier quand nous avons emménagé ensemble) et qu'il était d'une grande intelligence.

Avec lui je découvre Jean Genet, Antonin Artaud, des écrivains hors norme. C'est lui qui me suggère de chanter *Le Condamné à mort* de Genet, la plus belle chanson d'amour qui soit. Un texte auquel il s'était identifié sans que je devine à quel point il lui ressemblait : empreint d'un narcissisme mortifère, très prisé dans les années cinquante. Chaque fois que je la chante, je suis possédée par la force de cette écriture ; je la chanterai toujours pour Grégoire.

Dans notre petit logement, quand tout se fissure, quand tout craque dans sa belle tête bouclée, je ne sais pas reconnaître les signes de la maladie. Je travaille tout le temps. Grégoire, mon amant, est mal dans sa peau et il n'a pas de travail. Moi, je cours partout, d'une audition à l'autre, d'un show à l'autre, je ne me rends pas compte de sa souffrance. Et puis, je me sens coupable, il avait rompu avec sa blonde pour vivre avec moi. C'est moi qu'il aimait, disait-il.

Mais je sens que quelque chose ne va pas. Je suis terrorisée, car je vois des ombres inquiétantes dans son regard lorsque je reviens chez nous les jours de relâche. La folie peut passer pour du génie aux yeux d'une jeune fille naïve au cœur de papier qui ne demande qu'à être brûlé par les éclairs de l'homme qu'elle aime. Lui, il a ses propres trips, il a connu le LSD bien avant que ce soit à la mode. Jamais il ne m'en a offert. Il s'arrange pour tripper quand je suis au Théâtre La Marjolaine.

Mais cet été-là, je le trouve de plus en plus étrange. Un soir, quand je rentre à la maison pour mes jours de congé, il n'est pas là. Aucun message, aucun signe sauf quelques gouttes de sang près de la porte. Je sais déjà ce qui a dû se passer. Les gouttes de sang dans l'escalier et sur le trottoir me mènent au Fripon, un restaurant-bar de la place Jacques-Cartier. Le serveur à qui je demande s'il a vu un jeune homme étrange me dit qu'il a dû appeler la police, ses poignets saignaient trop.

Je cours au poste, rue Gosford, il est là, livide, il n'ose pas me regarder, et quand il me regarde avec des yeux effrayés, je veux mourir à mon tour, mais je n'ai pas le droit de faiblir, je dois prendre soin de lui. Après les questions d'usage, les policiers viennent nous reconduire à la maison à quelques pas du poste. Ils l'aident à monter les marches et me laissent seule avec lui en me murmurant : « Bonne chance, mademoiselle. » « Ne me laissez pas toute seule avec lui ! »

aurais-je voulu crier. Mais je le garde pour moi, ce cri du cœur.

Notre chat va de l'un à l'autre, inquiet, pendant que je tombe sur le lit tout habillée, en boule. « Va voir Grégoire, minou… Je sais pas quoi faire, j'ai peur. Va voir Grégoire, il est tout seul dans le salon. »

Cette nuit-là, je vis un *bad trip*, Grégoire veut absolument me faire un enfant, et tout de suite. Toute la nuit, je discute pour sauver ma peau. Comme il est très amoindri physiquement, il ne me bouscule pas, mais il insiste terriblement. Je ne me souviens plus de la fin de la discussion, mais je le revois assis sur le divan du salon. Il ne bougera pas de là jusqu'à mon départ pour le théâtre.

Dans les semaines qui suivront, quand je rentrerai à la maison pour les jours de relâche, je le trouverai sur le divan devant les centaines de livres muets qui ne pourront rien pour lui, même s'ils ont souvent réponse à nos tourments. Il sera toujours à la même place, d'une semaine à l'autre, dans la pénombre, recroquevillé sur lui-même. Même le chat a l'air déprimé. Un jour de relâche, je réussis, je ne sais comment, à le convaincre de venir à l'hôpital avec moi. À l'urgence de l'Hôpital général juif, on lui fait voir un psychiatre. On m'appelle ensuite pour m'expliquer qu'on devra le garder quelques jours. Les médecins le trouvent très fatigué et très faible. Grégoire ne dit rien, il est passif, je l'embrasse et j'explique rapidement au psy que je dois quitter Montréal pour une semaine. Grégoire ne réagit pas. Je quitte l'hôpital en courant, je saute dans un taxi et je ne dormirai pas de la nuit, convaincue que j'entendrai Grégoire monter les escaliers, puis les redescendre, puis les remonter, *ad nauseam.*

Psychose. C'est le diagnostic du psy. Hospitalisation.

Quatre jours plus tard, il est en bas de l'escalier, il s'est sauvé de l'hôpital. Je ne peux rien pour lui, je dois le laisser seul, il me faut retourner au théâtre. Je trouve ça cruel, mais il ne veut voir personne et peut devenir très violent quand je m'oppose à lui. Il est maigre à faire peur. Au moment de le quitter, je sais que je ne le reverrai jamais et je vois cette image qui ne me quittera plus : un cheval que je tiens par la bride m'entraîne loin de lui. Rien ni personne n'aurait pu me retenir près de lui.

Mon « condamné à mort » m'avait dit un jour : « Je partirai sans faire de bruit, sans violence, en silence. » C'est exactement ce qu'il a fait. Le lendemain, avec son frère, il était chez ses parents, à la campagne. « Je vais me baigner », leur a-t-il dit. Il est entré dans le lac lentement (c'est ce qu'une petite fille qui était sur la berge a raconté), il a plongé et n'est jamais réapparu. Partir avec autant de respect pour sa famille, pour sa blonde, c'est partir comme un prince. Le soir, son frère m'a annoncé sa mort.

Incapable d'affronter toute seule la douleur de sa famille, je vais me recueillir sur sa tombe le lundi suivant, accompagnée de mon père et de mon frère, si fragile, mais qui a néanmoins insisté pour être là. Au loin, je crois voir son ancienne blonde qui s'éloigne discrètement.

L'angoisse, la culpabilité, la douleur brûlante, un ami musicien les voit dans mes yeux lorsque je reviens au théâtre. Il me prend dans ses bras, puis il me reconduit à la maison des comédiens et me dépose dans mon lit. Il reste toute la nuit à mes côtés, il veille sur moi comme un grand ami, comme un homme de cœur. Il se reconnaîtra en lisant ce passage, j'ai toujours une tendresse infinie pour lui.

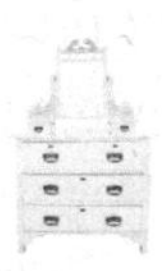

La saison se termine au théâtre. Revenir à Montréal sera lourd. Le père de Grégoire me fait comprendre que je dois quitter l'appartement en laissant tout puisque c'est son fils qui a signé le bail. De toute façon, je ne peux pas revivre là. Je quitte la rue Saint-Claude en laissant tout derrière moi. Premier piano perdu! Quand Grégoire est mort, le chat noir que nous avions a aussi disparu, j'ai même oublié son nom. La mémoire sélective peut sauver d'un chagrin assassin. Où sont passés tous mes chats?

Pas le temps de faire un deuil. Est-ce que cette expression existait seulement, à l'époque? Non, il faut continuer. J'emménage avec une amie de l'ENT rue Querbes, à Outremont, dans un appart au troisième étage. Nous n'avons que deux lits, une table, deux chaises, un nouveau piano et un «set» de salon en crin de cheval, c'est ce que l'antiquaire m'a dit. Il est archi-inconfortable, alors on s'assoit sur un vieux tapis de guenilles tressées acheté lui aussi à la campagne.

J'enregistre, sous la direction de François Cousineau, mon premier album éponyme pour la maison de disques Gamma qui a signé la relève de la chanson.

On est en 1966, un certain monsieur, comme par hasard avocat, nous fait signer un pacte avec le diable. Il a du flair, la chanson québécoise connaît un essor excitant pour nous tous. Comme les gérants et les personnes ayant des compétences en droits d'auteur étaient rarissimes à l'époque, ce monsieur a pu tapisser sa maison avec de la peau d'artiste grâce au type de contrat qu'il nous faisait signer. Aujourd'hui, ce sont les serveurs du Web qui nous font la peau.

François Cousineau, tout jeune mais déjà très connu, sera aussi mon arrangeur. C'est décidé par le producteur. C'est un disque d'interprète, enregistré dans un immense studio du chemin de la Côte-des-Neiges. Sur cet album, il y aura du Vigneault, Gauthier, Charlebois, Dor, Lévesque, et des chansons de Clémence. François est très sûr de lui. Je l'écoute, je suis docile, j'apprends un nouveau métier : celui des studios d'enregistrement. Par contre, je n'ai aucun plaisir à voir cinq ou six personnes parler entre elles comme si de rien n'était dans la régie de l'autre côté de la vitre. Quelquefois ils rient. Comment peuvent-ils ignorer ce qu'une jeune chanteuse ressent en les voyant s'occuper de tout autre chose avant de lâcher : « C'est pas pire, on en fait une autre. » « Une autre ? » « Une autre prise ! » qu'ils répondent, morts de rire. Je n'ose pas demander pourquoi. Je tiens à donner une image forte. Alors j'obéis.

Je ne sais pas encore faire la différence entre les « bullshiteux » et les véritables sensibilités artistiques. De toute façon, je n'ai jamais été à l'aise en studio, chanter derrière une vitre et tripper sur ma voix me refroidit. J'ai l'impression d'être une potiche qui fait des sons.

Plus tard, j'aurai de vrais complices ingénieurs du son, musiciens, relationnistes de presse, mais là, je débute, toute seule, sans réel complice, sans une équipe qui me soutienne. Je finirai par trouver non pas des fans pour m'encourager (je ne supporte pas les *groupies*), mais des personnes sensibles à ce que je fais, qui, sans m'imposer leurs fantasmes, me guideront sans forcer mes choix. Je ne le sais pas, pas encore, mais je suis trop jeune. Je veux goûter à tout, je cherche et me cherche en même temps. Pourtant, je comprends très vite que très peu de personnes dans ma carrière prendront les décisions à ma place. Et quand ils le feront, ce sera sanglant. L'histoire de l'annulation de mon show à l'Outremont, quelques années plus tard, illustre très bien mon propos.

Nous sommes en 1975. Avec le succès de mon album *live* à l'Outremont, mes salles sont pleines, on me propose pour l'année suivante deux soirs à l'Outremont avec possibilité d'une prolongation. Heureuse de cette offre, je travaille très fort avec mes musiciens, j'écris de nouvelles chansons, je conçois mon show. On le rode en province et ça marche. À une semaine de ma première à Montréal, je remarque qu'on annonce mon spectacle dans *La Presse.* À ma grande surprise, on annonce deux spectacles pour le même soir, le mien à sept heures et demie et celui de Raôul Duguay à dix heures. Jamais il n'a été question que je partage la scène, ma rampe d'éclairage et la salle avec quiconque. C'est MA rentrée ! Mon gérant ne m'en avait pas parlé, ni les producteurs. J'exige un rendez-vous avec eux au plus sacrant. Nous sommes tous assis dans les fauteuils de l'Outremont à cinq jours de ma première. Je suis en tabarnac, aucun mot ne peut mieux exprimer mon état. Je ne ferai pas mon show dans des conditions décidées par eux, sans me consulter. J'ai eu droit à des « Ça se fait pas. Le public ne te pardonnera pas, tu vas briser ta carrière », etc.

Je ne change pas d'idée, ces gens-là travaillent pour moi, c'est moi qui les paye et je suis prête à assumer les conséquences de ma décision. Pendant la discussion, mon gérant ne vient pas à ma rescousse. Mon image de bonne fille, de fille *willing,* cool et de party, vient de prendre le bord et tant mieux pour moi. J'ai appris à me battre, ça me servira. Je me suis expliquée auprès des journalistes et de mes pairs. C'est Jean-Guy Moreau qui me remplacera. Je n'en voulais pas à Jean-Guy, il le savait. Merci, Jean-Guy !

SEPTIÈME TIROIR

Paris, New York, Montréal, ayoye !

ENCORE TOUTE JEUNE CHANTEUSE, j'ai la chance de travailler énormément pendant l'année 1967, l'année folle de ma génération. Le monde entier vient à nous. Je travaille presque sans arrêt à Expo 67. Au pavillon de la Jeunesse, au pavillon du Québec, au pavillon canadien, à la place des Nations. Avec mon nouveau statut de jeune chanteuse, je traverse 1967, ses pavillons et ses papillonnages, ses rencontres fortuites, gratuites, où l'on oublie de demander le nom de celui avec qui...

Je vis l'Expo sans la voir, ou presque, tant j'y travaille. Montréal est une ville fière et *propre, propre, propre.* Un an avant l'explosion de la révolte des jeunes en mai 1968 à Paris, et dans la mouvance de la contre-culture hippie en Californie, l'Expo nous donne confiance. Les jeunes s'échangent des adresses, ils voyagent, vont voir ailleurs et reviennent avec des revendications. Ils réclament un monde moins axé sur le profit, les filles veulent l'égalité dans les rapports avec les hommes, servir le café au patron c'est *out.* Elles exigent l'égalité salariale, qui prendra des années et qui n'est pas encore gagnée dans bien des domaines, et le droit à l'avortement autrement que dans des arrière-boutiques. Les jeunes sont très nombreux, ils ont un pouvoir immense entre les mains.

L'idée de l'indépendance s'infiltre sur les canevas des peintres, entre les lignes des chansons, dans la bouche de nouveaux personnages au théâtre (Ducharme, Tremblay) et *L'Osstidcho* est en gestation dans les têtes de Mouffe, Charlebois, Deschamps et la mienne.

Je gagne beaucoup d'argent pour la première fois de ma vie et j'ai une envie folle de m'éclater après toutes ces années désargentées que je viens de traverser. J'irai donc m'éclater dans la ville dont je rêve depuis mon enfance : PARIS.

Je pars seule pour aller voir des spectacles et plus particulièrement un show à l'Olympia : *Vive le Québec!* dans lequel chantent Clémence, Gilles Vigneault, Jacques Normand et plusieurs autres. Je dors à l'Hôtel du Quai Voltaire dans une chambre de bonne où, d'après le propriétaire, Baudelaire a dormi. Il ne m'en faut pas plus. Je rêvais de Paris depuis des années. Adolescente, j'avais affiché le plan de la ville sur le mur de ma chambre. Dans la tête de plusieurs jeunes artistes, Paris est la ville de la consécration… et l'homme français la conquête ultime. C'est pourquoi, dans les années soixante, quand un Français arrivait à Montréal avec le titre de metteur en scène, chanteur, impresario, comédien ou auteur, les femmes tombaient et le mâle français les ramassait.

J'assiste au spectacle tous les soirs et, tous les soirs, je sors avec la gang. Je vis une soirée mémorable avec Jacques Normand, lorsque, à quatre pattes sur les pavés de Paris, nous avons entrepris de les compter jusqu'au prochain feu. Il était cinq heures du matin, l'heure où « Paris s'éveille ». Mes premières nuits blanches, mes premières soûleries de jeune artiste. Je dois dire que rire et boire avec Jacques Normand, ça ne s'oublie jamais.

Des années plus tard, alors qu'il se sent proche de la mort, il m'appellera pour me dire qu'il m'avait toujours aimée : « Il ne faut pas lâcher, Louise, tout peut encore vous arriver. » Ce sont des téléphones qu'on raccroche avec beaucoup de délicatesse comme si ces moments-là étaient faits de porcelaine ou de cristal. Et c'est vrai, je n'ai jamais oublié cet appel d'un homme d'esprit dont les yeux bleus parlaient de la douleur d'être en même temps que de l'absurdité de la vie.

Étrangement, à Paris, je ne fais pas de démarche dans les boîtes à chansons. Est-ce la crainte de me faire dire non, y ai-je seulement pensé ? C'est mon premier voyage, je m'amuse, je marche dans Paris, je fouine. À cette époque, les portes cochères ne sont pas verrouillées, je les pousse et je découvre un Paris plein de surprises, et des concierges moins féroces que dans les films français. Mon sac en bandoulière contient une pomme et des calepins de notes pour écrire des poèmes dans les parcs parisiens. Je me prends pour Anna Karina dans un film de Godard.

Les brunettes avaient la cote. Je me la joue à tous les instants. Rien dans la tête, tout dans le ventre. Je découvre les cafés crème qui resteront pour moi l'emblème gustatif de Paris. À chaque voyage, dès que mes valises sont posées, je vais sur la terrasse du bistrot du coin prendre un crème bien blanc et je regarde passer les Français. Ainsi, en cinq minutes je suis au courant des nouvelles tendances de la mode parisienne.

Les jupes sont courtes en 67 ! Je dois, pour me défaire de quelques messieurs insistants, hurler dans le joual le plus pur : « Sacre-moé patience, estie d'vieux schnoque ! » Le résultat est instantané. L'argent me donne envie de tout, c'est un nouveau joujou dans ma vie. Je suis coquette, j'apprécie l'élégance parisienne. Les Françaises n'ont pas d'épaules ni de hanches. Pas facile à porter pour nous, la mode française.

Après quinze jours de plaisirs à Paris, je reviens à Outremont, toujours pas de meubles, ben du fun, mais pas tous les jours. Un jour pas drôle du tout, ma copine me demande de l'accompagner rue Saint-Hubert. Le nom de cette rue pour ma génération ne signifie pas « magasinage », mais « avortement ». Nous y allons en autobus et nous revenons en autobus. Quelques jours plus tard, elle passe bien près de mourir d'une salpingite. L'avortement était dangereux, souvent même mortel dans les années soixante. Les broches à tricoter sans anesthésie, voilà à peu près comment ça se passait. Heureusement, mon amie a guéri et elle a même pu avoir deux enfants plus tard.

La société se fout totalement de ces jeunes filles qui risquent leur vie rue Saint-Hubert. Le docteur Morgentaler nous a sauvées de la rue Saint-Hubert. Oui, la pilule est sur le marché, mais on la prend peu. Elle est difficile à obtenir et les doses sont massives. Certaines d'entre nous ne peuvent pas la supporter, et pour ce qui est des condoms, les gars ne veulent rien savoir et les filles n'osent pas les exiger. Ça me rend prudente de voir mes amies souffrir comme ça. Le sida n'existe pas encore, mais la peur de tomber enceinte est réelle.

Chez moi, j'ai un nouveau piano. Répéter à la maison devient compliqué parce que dérangeant pour les voisins. De plus, j'ai engagé un deuxième musicien, un contrebassiste. Je monte un show avec les chansons de mon premier microsillon. Il nous faut un local. Ça devient une petite entreprise, les frais augmentent : un gérant, deux musiciens, un ingénieur du son, une sonorisation, car dans le temps beaucoup de salles étaient dépourvues d'équipement. Les artistes achètent une sono qu'ils transportent de salle en salle. À part Guy Latraverse et Gilles Talbot, les gérants sont une espèce en voie d'apparition. Le mien est débutant, il apprend le métier avec moi.

Mes spectacles se vendent bien. Mes disques, pas beaucoup – selon mon producteur –, il n'y a aucun moyen de contrôler les ventes, tout est comptabilisé à la main, alors il faut faire confiance ou envoyer un avocat vérifier les livres. Je n'ai pas le courage d'aller au bout de mes doutes, et pendant ce temps, la business se développe. L'engouement pour la chanson québécoise est palpable et rentable. C'est encourageant pour la business, mais pas pour moi. Ça devient trop routinier. Ma créativité s'endort, je la remplace en « magasinant », je pavoise et je m'ennuie déjà après seulement trois ans de métier. Quelque chose me manque. J'allais le découvrir bientôt avec *L'Osstidcho*.

Pour briser la routine, je propose à mes musiciens de partir une fin de semaine à New York. Je veux passer une audition au Bitter End, là où Dylan avait souvent chanté. Les gars ont pris le minimum de stock et nous voilà tous dans une Westfalia pour la nuit. Au matin, vers neuf heures, nous sommes stationnés devant le Bitter End, qui est fermé. On revient vers onze heures après avoir marché dans Greenwich Village, fatigués mais excités à l'idée que peut-être ce soir-là on chanterait à New York.

Le propriétaire me demande ce qu'il peut faire pour moi. J'avais demandé aux gars de m'attendre dans un café pas loin. Je lui confie mon rêve : je suis une chanteuse francophone de Montréal au son folk qui aimerait bien une petite place pour chanter au Bitter End le soir même parce que je dois retourner à Montréal pour un spectacle dans deux jours... ou je ne sais plus trop quelle histoire au juste. Il n'en revient pas ! Il appelle son assistant pour venir voir la bibitte francophone. Trop contents sans doute de s'en sortir si facilement, ils me disent que, n'ayant pas de *house band,* ça ne sera pas possible. Sur ce, je leur réplique : « *You didn't see nothing yet. Can you wait a minute or two*[5] *?*» Deux minutes plus tard, j'arrive avec mon band. Le propriétaire est estomaqué et répète sans arrêt : «*I've never seen a girl like you in my entire career*[6] *!*»

Quinze minutes plus tard, on auditionne devant les deux gars. Ils ne comprennent pas un mot de ce que je chante, mais ils aiment, semble-t-il, puisque le

5 Vous n'avez encore rien vu. Pouvez-vous attendre une minute ou deux ?
6 Je n'ai jamais vu une fille comme vous dans toute ma carrière !

soir même on fait la première partie de Nina Simone. Ayoye ! Je ne peux pas refuser une telle chance même si je meurs de peur. Chanter devant Nina Simone, la grande pianiste et chanteuse à la voix aussi profonde que ses convictions. Le café est plein à craquer grâce à Simone, le public passablement attentif. Je ne sais pas s'ils réalisent que je chante en français. Montréal n'est pas encore sur la *map*.

Nous prenons une bière pour fêter ça, je tremble pendant tout le set de Nina, qui m'avait serré la main avec un : *Pretty good, young lady*. Le proprio nous offre des sandwichs, et à trois heures du matin on repart pour Montréal. Jamais eu de nouvelles du Bitter End. Dans l'auto, je n'arrête pas de dire : « J'ai chanté à New York ! », ravie d'avoir réalisé mon rêve. C'est pas la carrière, c'est le trip qui compte.

HUITIÈME TIROIR

Le désordre

UN AUTRE RÊVE ME HANTE, EN REVENANT DE NEW YORK. Je m'inscris à l'École de musique Vincent-d'Indy en 1967. J'y étudie tout l'automne. Je suis heureuse de cette décision : je veux aller au bout de mon talent, mais la vie est arrivée avec son *Osstidcho* qui m'a soulevée de terre. Je n'ai plus une minute de libre, je dois abandonner le piano. Si j'ai un regret, c'est de ne pas avoir poussé plus loin mes études en musique.

Petite fille, j'allais avec les élèves de musique deux fois par mois aux concerts symphoniques du Plateau sous la direction de Wilfrid Pelletier. Le chef d'orchestre avait eu l'idée géniale, pour intéresser les jeunes à la musique classique, de leur présenter des spectacles avec des enfants solistes. Chaque enfant dans la salle se projetait dans la peau des solistes. J'avais sept ans, j'arrivais à Montréal, j'ai eu envie d'apprendre le piano grâce à ces concerts symphoniques, mais, hélas, je n'aimais pas ma professeure qui à chaque erreur de doigté me piquait les jointures avec un petit pic de bois. En plus, le banc rond du piano penchait vers sa grosse cuisse, il était donc impossible de l'éviter et de me concentrer sur ma partition. J'ai toujours appris avec des profs heureux dans leur métier, de toute évidence cette religieuse ne s'amusait pas, ni avec les enfants, ni avec la musique. De plus, je n'avais aucun encouragement de mes parents, trop dévorés par leur mal de vivre.

Malgré le manque d'encouragement de ma famille, je dois reconnaître avoir eu, à son insu, un grand professeur de chant : mon père. J'ai appris le chant par oreille en l'entendant faire ses vocalises dans la salle de bain. Il avait la plus belle voix du monde. Je connaissais les voix, l'opéra envahissait le salon le samedi après-midi. Il m'assoyait à côté de lui sur une chaise en face du gros *pick-up* (ça ne veut plus dire la même chose aujourd'hui !). Il passait des commentaires sur les chanteurs :

« Celui-là chante trop dur, lui trop serré, elle sans émotion, Gigli (son préféré), il chante "beau". » C'est Gigli lui-même qui, parlant de son chant, disait : « Je ne chante pas fort, je chante beau. » Quand, des années plus tard, après l'École nationale, au début de ma vie de chanteuse, je fortifierai ma voix avec Mlle Bailly (célèbre prof de chant des années soixante qui avait, entre autres, formé Colette Boky), tout ce qu'elle me dira me sera familier.

Mon père faisait partie du chœur de l'église Saint-Pierre à Shawinigan, il était soliste. Quand il chantait *Panis Angelicus,* son grand succès, je voyais une danse de mouchoirs dans les rangées autour de moi. Cet homme si violent dans ses propos, cet homme en colère... ce même homme, quand il chantait, faisait pleurer les statues dans l'église.

« C'est vrai, môman, je les ai vu pleurer !
– Qu'est-ce que t'as vu encore ? »

Ma mère, les yeux au ciel, imitant une petite fille qui a une vision. Je ne la trouve pas drôle. Silence. Elle n'aime pas mon père, et vice versa. Je le sais déjà… trop tôt.

Aujourd'hui, j'ai des extraits de sa voix enregistrée dans un petit studio à 50 cennes de l'heure à l'International Music Store, rue Sainte-Catherine au coin de la rue de la Montagne. Je suis toujours très émue en écoutant son *Panis Angelicus*. Il a voulu chanter pour le plaisir, mais il était trop perfectionniste pour en avoir, c'est ce que j'entends aujourd'hui quand je réécoute sa voix toute douce et chaude sur des sillons salis par la poussière de ses regrets. Peut-être m'a-t-il transmis dans son désespoir une grande leçon de ténacité dans l'exercice de mon métier. Arrêter signifierait « devenir amère » (devenir ma mère ?). Analyse, sors de ce corps !

Des cantiques à l'église, des concerts symphoniques du Plateau aux discothèques, mes goûts évoluent vers une envie de m'épivarder. Je fréquente les discothèques pour y danser sur de la musique qui swingue. Un jour, je fais remarquer à Robert Charlebois que les chansons d'icitte sont plates parce qu'elles ne se dansent pas. Robert est d'accord, dans sa tête frisée il est déjà ailleurs, en Californie. Il en revient transformé. Ses cheveux, sa musique, son attitude, ses flashs aux deux secondes. C'est Charlebois sur le 220 ou sur l'acide, comme vous voudrez.

Avec l'envie furieuse de tripper, on se retrouve une gang dont fait partie la grande poète Denise Boucher (qui a écrit des chansons plus tard pour moi, pour Pauline Julien et pour Offenbach), Claude Péloquin, l'auteur du célèbre *Lindberg* et de la phrase célèbre incrustée sur la murale de Jordi Bonet dans le hall du Grand Théâtre de Québec : « Vous êtes pas écoeurés de mourir, bande de caves ? C'est assez ! », Mouffe et Robert, Sophie, la Sophie de la chanson et blonde de Péloquin vivons dans un duplex loué au folkloriste Jacques Labrecque, rue Melrose à NDG. Dans la salle à manger (je devrais dire le bar, car on ne fait pas la cuisine dans cette maison), il y a un piano, le mien sans doute, sur lequel est né *Lindberg* à trois heures du matin. Depuis le retour de Robert de Californie, on trippe ensemble. On prépare sans le savoir le show qui va donner un nouveau sens et un nouveau son à la chanson québécoise.

Mais ce qui me préoccupe à ce moment-là, c'est le show au Patriote que Charlebois et moi allons donner fin janvier. On a décidé de partager la scène, de lier nos répertoires. Je n'écris pas encore, ce sera donc mes interprétations des chansons des autres que je chanterai. Parmi les nouvelles chansons de Robert, il y a *Lindberg, California* et *CPR Blues*. En répétition avec Robert, je lui offre de faire des voix sur ses nouvelles chansons. Je les trouve tellement belles que je ne peux pas être sur scène avec lui sans y participer. Son univers musical m'inspire une nouvelle façon de faire des voix. C'est ainsi qu'est né l'embryon de *L'Osstidcho* (qui s'appelait « Louise Forestier et Robert Charlebois au Patriote » et que nous présenterons le 19 janvier). J'écris « embryon » parce qu'Yvon et Mouffe ne sont pas encore sur scène avec nous, ils y seront pour le vrai *Osstidcho* en mai.

Le grand soir venu, nous avons beaucoup d'amis dans la salle, beaucoup de chanteurs et chanteuses. Une rumeur circule : quelque chose va peut-être se passer ce soir. Quelque chose est en effet arrivé : un malaise énorme dans la salle après le show. Tous nos amis se défilent, mal à l'aise, ne sachant ou n'osant pas nous dire ce qu'ils en pensent. Je suis tellement déçue. Étourdie encore par ce que je viens de vivre, inquiète de savoir si le public a aimé. Hélas, la réponse du public n'est pas celle que j'attends. J'étais profondément persuadée que nous venions d'offrir une « proposition musicale » révolutionnaire sur la scène du Patriote.

Après la déception, la colère : s'ils n'ont pas aimé, c'est qu'on les a troublés. Et c'est tant mieux : on n'est pas là pour les réconforter mais pour les bousculer (*dixit* Brassard). La rebelle se rebelle enfin. Provoquer, voilà ce que nous allons faire, mais au Théâtre de Quat'Sous, là où Yvon a ses entrées auprès du directeur, Paul Buissonneau. Ils nous offrent le théâtre gratuitement dès la fin mai, après la saison théâtrale. *L'Osstidcho* va naître... dans la tête de quat'fous, Robert, Mouffe, Yvon et moi.

L'Osstidcho est là pour casser le moule, pour jeter les vieilles recettes par la fenêtre et laisser entrer les rumeurs de la ville dans nos paroles et nos musiques. La langue en mangera un coup, le joual fera son entrée sur scène et le rock se montréalisera. Une seule chose sera interdite : le « son français », qui, selon nous, a contaminé nos chansonniers dans les années cinquante et soixante.

L'Osstidcho sera un manifeste plus qu'un spectacle, il sera là pour briser les règles des spectacles «propres» avec leurs chanteurs et chanteuses habillés chic, leurs musiciens dissimulés derrière un rideau de tulle, et leurs scènes sans décors, éclairées par des spots dissimulés dans les coulisses ou derrière les pendrillons. Nos musiciens seront déguisés selon leurs fantasmes, bien à la vue de tous, des spots seront accrochés aux poteaux latéraux et la rampe d'éclairage sera exposée, sans pendrillons pour les camoufler. La formule du happening, le désordre organisé, ce sera notre style, notre signature.

Nous sommes en mai 1968 et il n'y a pas qu'à Paris que ça chauffe. Les jeunes sont majoritaires et le font savoir. Montréal est en ébullition. *Les Belles-Sœurs*, d'un jeune auteur, Michel Tremblay, sont sur le point de révolutionner le théâtre québécois et le Grand Cirque ordinaire, premier collectif d'acteurs et d'actrices, est en gestation. Pendant ce temps, quatre jeunes artistes, Yvon Deschamps, Mouffe, Robert et moi, sont en train d'imaginer un show avec l'ambition de provoquer et d'innover. À Montréal, ça ne chauffe pas, ça explose!

Yvon et Mouffe vont nous inspirer au cours des réunions de création collective chez les parents de Mouffe, rue Dunlop, à Outremont. Nous sommes portés par une vision. On sort, on va voir des shows, je vais aux lancements de livres, de disques… C'est d'ailleurs à un de ces lancements que Gérald Godin et Pauline Julien me présentent un journaliste: Jean-V. Dufresne. Il m'intrigue, je veux le connaître, et lui aussi semble-t-il. Au milieu des répétitions de *L'Osstidcho* et de ses tumultes (la création collective n'a rien de stable), il est rassurant. Je suis très amoureuse de lui. Je ne projette pas de fonder une famille, enfin pas tout de suite, les événements se bousculent autour de moi, à peine ai-je le temps de trouver un crayon pour écrire mon emploi du temps.

On vit tous à Outremont, les uns chez leurs parents, les autres en appartement, comme Jean-V. et moi. Yvon, après des déboires financiers, campe dans la cour chez les parents de Mouffe. Jean-V. et moi louons un deuxième dans un duplex de la rue Wiseman. C'est grand, j'ai mon bureau dont j'ai tapissé un des murs avec du liège pour l'insonoriser. Il y a une très grande terrasse inutilisable avec ses planches cassées, mais je ne ressens pas le besoin d'y aller. La vie court derrière, et devant, et à côté de nous. C'est dans cet appart que j'écris ma deuxième chanson : *Le Cantic du Titanic.* C'est aussi là qu'un matin, des messieurs avec des gros bras me crieront du bas de l'escalier : « On a un p'tit cadeau pour vous, mademoiselle Forestier. » C'est un cadeau de Jean-V., un piano à queue ! Je suis heureuse dans cet appart, c'est la « maison blanche ».

On se fait des *brainstorming* plusieurs fois par semaine. Robert croise le Jazz libre du Québec, un quatuor de jazzmen dont deux musiciens sur quatre ont quinze ans de plus que nous. Ils ont appuyé leur jazz sur la cause du Québec libre ; au sax, un des aînés, Doc Préfontaine, à la trompette, Yves Charbonneau, à la basse, Maurice C. Richard (non pas celui auquel vous pensez) et à la batterie, Guy Thouin. Je ne communique pas beaucoup avec eux, sauf avec Thouin qui est plus proche de mon goût musical et qui est souvent plus sobre que ses compagnons. Le sax et la trompette m'agressent et je ne semble pas valoir grand-chose aux yeux de ces deux musiciens : une belle pitoune, rien de plus… C'est ma perception et j'ai des antennes assez développées pour mon âge !

Robert a tout de même fait un bon choix en les engageant, un choix parfait pour s'éloigner du « son chanson française ». Il les a découverts à la Casa Pedro, la boîte de Pedro, un personnage important dans la bohème montréalaise des années soixante et soixante-dix. Espagnol à l'accent andalou, il avait dans la cinquantaine quand je l'ai connu à son bar. Il était très protecteur avec les jeunes femmes qui fréquentaient son café, mais jamais ambigu dans ses rapports avec elles. Il nous conseillait quand on était perdues, faisait crédit à tout le monde et regardait tous ces jeunes avec une tendresse et un sens de l'humour qui calmait le tumulte de nos jeunes âmes inquiètes. Toute la bohème se tient chez Pedro.

On se retrouve tous avec le Jazz libre du Québec pour les premières répétitions. Pour compléter le band, je propose les claviers à Jacques Perron, mon jeune pianiste. Les répétitions débutent. C'est fou. Yvon fait ses monologues, non, il nous explique ce que seront ses monologues, Robert trippe avec le Jazz libre, Mouffe est déjà metteur en scène dans l'âme, et moi j'ose écrire enfin ma première chanson : *Quand té pas là*, en joual évidemment, ce qui fera de moi la première chanteuse qui écrit en joual et chante en joual. Mais je n'en ferai pas une habitude : en bonne interprète, chaque chanson commande un style, un accent. Et puis, je peaufine mes élucubrations sonores sur les chansons de Robert. Mouffe s'occupe beaucoup du côté esthétique de *L'Osstidcho* qui aura une signature visuelle moderne avec un petit budget de quatre sous.

Le peintre Germain Perron trouve notre décor pour quatre-vingts dollars: des échafaudages de construction sur lesquels le band s'installe. La scène du Quat'Sous est minuscule, l'idée des niveaux de Germain est géniale. C'est un personnage sorti tout droit de Montparnasse, mais pourtant né à Montréal dans le Faubourg à m'lasse. Il a un accent (presque) français comme plusieurs artistes de l'époque. Il est érudit, fin, râleur, il sait regarder les femmes.

Les répétitions avancent lentement, quand un jour, deux messieurs entrent dans la salle pour me parler de quelque chose de très sérieux, me disent-ils, en m'entraînant dans le hall d'entrée. Je suis impatiente, les répètes ne vont pas bien et ces messieurs jouent les durs avec moi en me disant qu'il est impossible que je ne reconnaisse pas le jeune homme sur la photo qu'ils me présentent. « Non, je ne le connais pas ! » « Vous mentez, on est rentrés chez lui après son immolation par le feu sur la place Jacques-Cartier, et c'est rempli de vos photos avec une phrase d'une de vos chansons : "J'ai une *date* avec le temps, y m'attend n'importe quand. " C'est écrit une centaine de fois sur ses murs. »

Je n'entends plus ce qu'ils me disent. Une immolation, c'est horrible. J'ai peur, je regarde sa photo, je ne le reconnais pas. Et s'il m'avait flirté à la Casa et si je l'avais envoyé promener comme je le faisais souvent ? Je me sens quasiment coupable de sa mort, mais les policiers en civil comprennent que je ne les niaise pas. Tout à l'envers, je remonte dans la salle. Je n'en parle à personne, il faut répéter, nous sommes à une semaine de la première, mais je n'ai que la vision d'un corps qui se tord de douleur sur un trottoir de Montréal, j'entends son hurlement d'agonie au-dessus de la musique. J'ai besoin de voir mon amoureux, Jean-V., rapidement. Bouleversé par cette histoire, il me consolera du mieux possible dans les circonstances. Je n'ai jamais voulu connaître le nom de ce malheureux.

Je suis obsédée par les répétitions qui ne sont pas assez nombreuses ou sérieuses à mon goût. La musique prend beaucoup de place et les sketches sont mauvais… tellement mauvais que, lorsque Paul Buissonneau, avec qui on cosigne la mise en scène, passe au théâtre pour voir ce qui se passe, il en ressort en hurlant :

– Votre hostie de show, vous pouvez vous le mettre où je pense.

Silence.

– *L'Osstidcho* ! C'est ça le titre ! dit Robert.

On est tous d'accord, le show n'existe pas encore mais le titre est fort.

NEUVIÈME TIROIR

L'affaire Osstidcho

LES PAROLES DE PAUL BUISSONNEAU NOUS ONT FOUETTÉS, EN TOUT CAS, MOI, ELLES M'ONT FOUETTÉE. Il m'a fait très peur. Je suis persuadée que le bide sera total. Le 28 mai 1968, c'est le grand soir et je suis très stressée, comme toute l'équipe d'ailleurs. Stress extrême. Je ne peux pas deviner que l'adrénaline aura un tel effet sur ma performance. Nous voilà donc, tantôt seuls, tantôt deux et tantôt six à la fois sur scène à vérifier la hauteur des micros, la balance de son, les accessoires, on s'interpelle des coulisses à la scène :

«Louise, téléphone, c'est ton chum.» Peu à peu, les gens entrent dans la salle, pensant interrompre une répétition, ils ressortent et reviennent. Nous les ignorons. J'adore ce quiproquo, je goûte ce moment bon comme un péché assumé dans sa délinquance, à un tel point que je crains le vrai début du show. Yvon les interpelle. Quelques-uns dans la salle se laissent aller au jeu. Soudain, la scène se vide.

Il fallait bien que ça commence ! Yvon fait les cent pas dans les coulisses qui font six pieds carrés, Robert désorganise son afro, je réchauffe ma voix et Mouffe nous lance des vacheries pour ne pas qu'on se sauve chez nous. OK, on revient tous sur scène pour la vraie affaire. La quoi ? La séance, le flop, le *talk of the town* du lendemain ou le bide…

On entame le show par les chansons que nous chantons ensemble, Robert et moi : *Lindberg, California, Tout écartillé, Dolorès* et *Quand té pas là*, la mienne, ma première chanson dont Jacques Perron a fait la musique. C'est ce qui remplace les sketches archi-mauvais de la première partie. La sono aplatit le public dans leur siège, quelques-uns sortent, d'autres applaudissent très sérieusement, d'autres encore plus frénétiquement. D'une chanson à l'autre, des fans naissent sous nos yeux. Moi, je ne sais plus comment j'm'appelle ! Je suis la folle qui sacre dans *Lindberg* « crisse crisse » (la vérité, c'est qu'à l'enregistrement je disais « trisse » pour « triste », mais en le réécoutant, j'ai entendu « crisse » alors je l'ai adopté). Je ne lâche pas Robert des yeux, on est déchaînés, en transe, en plein orgasme, c'est cochon, c'est chaud en hostie. Nos *hot pants,* à Mouffe et à moi, portent bien leurs noms. Les musiciens sont heureux, on est loin du yéyé... Yeah ! Entracte.

Dans les coulisses, où Mouffe et Yvon applaudissent, on pense tous : « Y faut accoter ça, le reste est mieux d'être bon. » Yvon est concentré, aussi blanc que son col roulé blanc.

Deuxième partie : au début, sur un petit air de rien du tout, on entonne en chevrotant notre « chanson mayonnaise », fortement influencée par la chanson d'Arlo Guthrie *Alice's Restaurant.* Ça donne ceci : « Dans les manufactures on chante des chansons d'amour de mêgne. » Oui, on prononçait : « de mêgne ». Yvon enchaîne : « Les unions qu'ossa donne ? » Cette phrase, imprimée dans la mémoire collective de tous les Québécois, vient de résonner pour la première fois dans le petit Théâtre de Quat'Sous de l'avenue des Pins, le 28 mai 1968. Le monologue fait cinq minutes le soir de la première. Il en fera vingt, trois semaines plus tard. J'enchaîne avec : « Dans les maternelles on chante des chansons d'amour de mêgne. » Ça tombe bien, je suis une vraie maîtresse d'école, selon Robert ! Il faut dire que mon insécurité se transforme en rigueur et que la discipline ressemble à un nom de médicament pour la plupart des membres du groupe. « Faut qui en aille une qui l'fasse », comme disait Yvon, trop content de ne pas avoir pogné la job.

C'est extraordinaire d'entendre les monologues d'Yvon improvisés devant nous, on rit aussi fort (moi en tous cas) que le public, les musiciens écoutent les monologues comme des enfants. Il y a des miracles tous les soirs sur cette scène, chacun inspire l'autre, c'est une compétition, une saine compétition que je reçois comme un cadeau qu'on s'offre tous, excités par le talent des uns et des autres. Une gang de *kids* avec des *flashs* de lumières de Noël dans les yeux.

Mes études en chant classique m'ont inspiré une version opéra de notre chanson mayonnaise. Je voulais offrir au public une démonstration de mon large registre dans l'esprit du show, iconoclaste et débordant de dérision. « Dans les opéras on chante des chansons d'amour de mêgne. » Avec ma voix de soprano, j'imite une chanteuse d'opéra qui n'en finit pas de mourir. Elle se poignarde, l'épée est trop lourde ou trop grande, elle se rate, mais elle croit qu'elle ne s'est pas ratée. Alors commence l'interminable série des adieux à sa famille et à ses amants forts nombreux. Elle-même se fatigue d'elle-même. Yvon et Robert me sortent de scène, l'un par les pieds et l'autre par les épaules. Rien n'arrête mes vocalises jusque dans les coulisses où un tintamarre, différent chaque soir, me ferme enfin le bec.

Jamais le public n'a vu venir la fin du show. Après un *black-out* apparaît sur le mur du fond une sphère blanche pour illustrer l'hostie, s'ensuit : « Down in the South, on chante des chansons d'amour de mêgne », une dernière variation sur le thème de la chanson mayonnaise. Elle est suivie d'un extrait filmé du discours de Martin Luther King « *I have a dream* ». Avec sa voix vibrante, son discours beau comme un poème nous embarque tous, dans la salle et sur la scène. C'est comme un hymne. Soudain la transe, le ton monte, c'est du gospel de grande envergure, une charge émotive telle qu'il n'y a plus de scène, plus de théâtre, plus de chanteurs, plus de musiciens, nous sommes tous dans la foule aux pieds d'un orateur dont la voix embrase le cœur.

Coup de feu !

Black-out, l'hostie blanche tourne au rouge. Silence. Pas un mot, pas une note de musique, on tremble comme des enfants dans le noir, et là, venant du ciel sur une superbe musique du groupe et de Robert, s'amorce la fin du show :

La fin du monde

Le premier ange sonna de la trompette.

Le deuxième ange sonna de la trompette, et comme dans une grande montagne tout en feu fut jeté à la mer, et la troisième partie de la mer fut changée en sang et les créatures qui étaient dans la mer et qui avaient vie moururent et les navires périrent.

Le troisième ange sonna de la trompette, il tomba du ciel une grande étoile, ardente comme un flambeau et elle tomba sur les fleuves et les sources des eaux et le nom de l'étoile était absinthe et les eaux furent changées en absinthe.

Et il y eut une grêle et du feu mêlés de sang qui tombèrent, un grand nombre d'hommes moururent par les eaux parce qu'elles étaient devenues amères.

La musique du Jazz libre du Québec devient de plus en plus démente pendant que Robert hurle les textes de l'Apocalypse jusqu'au septième ange, joué par la trompette d'Yves Charbonneau. À ce moment-là, c'est la fin du monde illustrée par un chaos musical délirant, entremêlé de nos cris, de nos pleurs et de nos gémissements. Puis un miracle se produit, on se tait tous au même moment et le silence qui suit est plus fort que tous nos hurlements. Ce moment de grâce se reproduira tous les soirs.

La salle, à moitié vidée, bondit d'un coup. Le délire. On pleure, on rit. Notre panique du premier soir s'est transformée en euphorie, mais il reste un gros travail à faire. C'est un *work in progress,* mais ça ne se dit pas à l'époque. De soir en soir, le show s'épanouit, le public quitte de moins en moins la salle, et les monologues d'Yvon sont de plus en plus longs, pour notre plus grand bonheur à tous.

La rumeur est importante et encourageante, *L'Osstidcho* graduera en *L'Osstidcho King Size,* folie totale et musicale. Rapidement, le show est pris en main par Guy Latraverse, qui loue la Comédie canadienne (TNM aujourd'hui) pour deux semaines. Le show s'adapte aux salles, on ajoute des numéros, c'est un succès tel que la grande salle Wilfrid-Pelletier nous ouvre ses portes pour la version finale de *L'Osstidcho, L'Osstidcho meurt,* en janvier 1969. L'ascension des P'tits Crisses aura duré sept mois.

Dans *L'Osstidcho meurt,* il y a quelques moments insolites. J'écris une chanson d'amour en anglais pour la circonstance, pure provocation, et prise de position de ma part. L'anglais fait partie de notre réalité et je garde une distance par rapport à l'engouement nationaliste. La chanson *Translation* commence ainsi: « *When I do love you who else do I love?* » Je l'interprète pour la première fois à la salle Wilfrid-Pelletier et je me fais huer. Le lendemain, le bouche à oreille ayant fait son travail, des pots de peinture éclaboussent le public dès le début de la chanson. Je ne m'y attends pas. Robert oscille de la crinière en riant, et moi, le cœur me saute dans la poitrine, je ne suis plus si sûre de moi. Yvon, qui s'apprête à faire son monologue sur les émeutes de la dernière Saint-Jean-Baptiste (juin 68), décide de ne pas le faire pour ne pas cautionner les déchaînés du troisième balcon. Plus tard pendant le show, une fanfare de jeunes majorettes, de blanc vêtues comme nous, paradera en jouant le *Ô Canada.* Celle-là, ils l'ont trouvée drôle, ouf!

Jamais je n'ai revu 2300 personnes hurler de rire comme ça. Jamais!

Immense succès, le petit show du Quat'Sous qui nous payait des *peanuts* est devenu le chouchou des médias et *Lindberg,* l'hymne de la jeunesse québécoise qui finira par se faire entendre jusqu'à l'Olympia de Paris.

DIXIÈME TIROIR

L’hostie d’vie

UNE TOUTE JEUNE FEMME, MARIE-FRANCE BRIÈRE, jeune réalisatrice radio à Paris, a convaincu Bruno Coquatrix (directeur de l'Olympia) de nous recevoir, Robert et moi, dans son théâtre.

Ce qui n'est pas du tout prévu dans mon parcours. *L'Osstidcho* est terminé, et chacun retourne à sa carrière solo, tel qu'entendu avant le début de notre expérience commune. Il s'avère que Jean-Jacques Debout, auteur-compositeur français populaire en 1968, entend *Lindberg* à la radio et ramène le quarante-cinq tours à Paris. Il le fait entendre à Marie-France Brière, une jeune femme de notre âge, qui a un vrai coup de foudre pour Robert et moi. Elle viendra voir le spectacle. Je la revois, toute menue dans sa jupe écossaise, elle a une énergie qui ressemble à la mienne et je ne suis pas surprise d'apprendre qu'on est nées le même jour de 1942, elle en Argentine et moi au Québec. Elle organisera notre apparition à l'Olympia en mars 1969. Mais il n'est pas question qu'Yvon nous suive puisque, pour les Français, sa langue et son humour seraient incompréhensibles. Yvon est d'accord. Mouffe accompagnera Robert, c'est sa blonde. J'ai déjà tassé *L'Osstidcho* derrière moi, et voilà que je dois rembarquer sur le radeau des impossibles sans mon ami Yvon et sans mon amoureux, ayant rompu avec Jean-V. juste avant de partir pour Paris. La traversée sera encore plus déstabilisante que ce que j'appréhendais !

Hôtel Caumartin. Je viens d'atterrir quelques heures auparavant. Ma chambre est correcte, à peu près correcte, de toute façon je n'y serai pas souvent. Entrée des artistes, rue Caumartin dans une cour intérieure, il y a une petite porte derrière laquelle se trouve un gardien. Il distribue les clefs de nos loges. J'ai une étrange sensation de déjà vu, je ne suis pas impressionnée par l'Olympia. Je suis déçue de ne pas l'être, mais je viens ici pour faire mon métier avec ma boîte à outils dans ma gorge. Pas plus que ça ! Rien ne m'excite, je ne crie pas ma joie à la vue de la scène où Piaf, Brel et Barbara ont triomphé. Peut-être parce que je trouve que l'aventure s'étire, un peu contre mon gré. Je suis une jeune chanteuse, je viens porter la voix du rock and roll québécois dans un théâtre réputé bruyant quand les spectateurs aiment ou n'aiment pas. Je monte à ma loge, ça sent l'humidité, les murs sont lépreux et bourgogne et ma minuscule loge m'étouffe déjà.

Je fais le tour du théâtre. Il y a l'inévitable bar dans les coulisses près de la loge des stars. La barmaid appelle tout le monde « mon biquet » ou « ma biquette ». Je descends dans la salle, je m'y assois. Ça crie, ça hurle, les techniciens français sont toujours au bord de la crise de nerfs. Je me sens crispée et je me sentirai comme ça jusqu'à la fin de notre séjour : trois semaines où je n'aurai pas le temps de m'amuser vraiment sauf sur scène.

Je vais visiter le hall avec les photos des centaines de vedettes qui y sont passées. Le hall est vide, il y a relâche aujourd'hui, car on prépare le show d'Antoine, la vedette hippy de l'heure qui chante : « Ma mère m'a dit Antoine fais-toi couper les cheveux » et qui, soi-disant, fait du rock. Pauvre lui, il ne pouvait pas savoir que les « sauvages » venaient d'atterrir sur son plateau !

Nous voilà donc à l'Olympia entre Georgette Plana, chanteuse de variétés, et Antoine. C'est à l'Olympia que j'ai compris le sens du mot « variétés » dans le monde du spectacle. Pour faire un bon show, il faut des artistes très différents les uns des autres, des numéros variés : chiens savants, accordéonistes, magiciens, il y a de tout... même des Canadiens errants sans collier et sans médaille.

Le soir de la première arrive enfin, après une balance de son très pénible pendant l'après-midi, où Robert, le plus gentiment possible, a demandé aux techniciens de nous « donner du son », ce que nous n'obtiendrons pas. Nous sommes déstabilisés par la mauvaise qualité du son, et c'est dans cet état que le public nous découvre à l'Olympia. Je suis à nouveau sur le radeau de l'impossible et je chante non pas avec Robert, mais à côté de Robert. Je ne sens plus l'« esprit de *L'Osstidcho* », amputé de sa deuxième partie, sans les monologues d'Yvon et sans nos saynètes avec Mouffe. Je me sens comme dans un chapeau claque qu'on secoue et duquel doit absolument sortir un lapin. Mais l'adrénaline (drogue de la scène par excellence) fera du bon travail encore une fois. On a le feu au cul, on veut laisser dans cette salle un souvenir impérissable. Nous voilà déchaînés, debout, couchés, à genoux, en train de leur montrer c'est quoi le vrai rock !

Après vingt minutes de performance, ce n'est pas du tout le même accueil qu'au Québec. Le public nous siffle, entre deux sifflets on peut entendre : « Retournez chez les sauvages ! » Il faut dire que mon look de scène – un poncho argentin et un bandeau sur une chevelure droite et noire – a de quoi leur inspirer ces commentaires, sans parler de Robert qui saute partout et qui porte sa guitare comme un tomahawk.

Le public n'embarque pas, mais le milieu reconnaît là un show d'avant-garde. D'un soir à l'autre, les fans se manifestent dans la salle. Un soir où nous sommes filmés des coulisses par François Brault et Jean Dansereau, Robert se retourne vers nous juste avant l'ouverture du rideau, le diable au coin de l'œil, il déclare : « À soir on fait peur au monde... » Les cinéastes garderont cette phrase pour en faire le titre du documentaire sur l'Olympia où l'on me voit péter les plombs parce que Doc Préfontaine me joue du sax dans l'oreille pendant que j'essaie péniblement de chanter en harmonie avec Robert. Contrairement à plusieurs de mes camarades de scène, je suis une des rares *straights* en show. La gang est chimiquement intoxiquée, je n'ose pas les regarder tellement ils n'ont pas les yeux en face des trous. Il était donc inévitable qu'un soir un spectateur reçoive la grosse caisse sur les genoux. Voici pourquoi : les techniciens français, exaspérés après deux semaines de shows, décident de fermer le rideau pendant une de nos chansons, prétextant l'agressivité insupportable du son. Charlebois pète les plombs. Pendant que le rideau se ferme lentement sur nous, il s'empare de la grosse caisse qu'il lance dans la salle. Un spectateur la reçoit sur les genoux dans la première rangée. On quitte la scène, Charlebois disparaît quelques jours et je dois combler les vingt minutes à moi toute seule pendant ces quelques jours. Cauchemar !

Robert réapparaît pour le dernier show, durant lequel aura lieu la remise du prix Félix-Leclerc du Festival du disque 1969 pour *Lindberg*. Une équipe de Radio-Canada est sur place pour un topo. On me demande de rester dans les coulisses pendant qu'on remettra le trophée à Robert. Je suis reléguée à l'arrière-plan. Je suis perplexe, je suis furieuse, je m'interroge : devrais-je y aller quand même ? Je n'ai pas ce courage. Deux jours plus tard, à la fin de notre engagement, écœurée, je décide de partir pour l'Espagne avec mon pianiste Jacques Perron afin de créer un nouveau répertoire. Yvon Deschamps viendra nous rejoindre pour écrire. On se partage Perron comme musicien. Tous les soirs, à Malaga, nous sommes dans les tavernes de flamenco où danseurs, danseuses, musiciens s'arrachent l'âme et tapent du pied. Cette musique me convient parfaitement dans les circonstances. Elle transforme mon chagrin en révolte. Je passe à autre chose, je dois reprendre ma carrière solo arrêtée depuis un an et demi pour *L'Osstidcho*. Je savais que le retour serait difficile, mais à ce point ?

En avril 1969, je suis à Rincón de la Victoria près de Malaga. Jean-V. vient m'y rejoindre. Je l'avais quitté avant de partir pour la France et, pendant mon séjour à Paris, il m'écrivait des lettres d'amour. Ces lettres me troublaient d'autant plus que j'étais déboussolée par les derniers événements et très blessée par la fin humiliante de *L'Osstidcho.* Il m'annonce son arrivée, je vais le chercher. En le voyant marcher vers moi sur le tarmac, j'ai une révélation qui me glace le sang : je ne l'aime plus. C'est la panique, je me parle : « Ça va passer. » J'essaie de me raisonner. Je n'ose pas lui dire ce que je ressens ou plutôt ce que je ne ressens plus. Il est là, amoureux, heureux. Il veut vivre avec moi. Moi, je suis défaite et déprimée, après ce que je viens de vivre à l'Olympia, j'ai besoin d'affection et d'amour. Il est touchant, mais je ne suis plus touchée.

En juin 1969, je reviens à Montréal avec Jean-V., Yvon et Jacques Perron. Jean-V. parle d'un enfant, je ne sais pas quoi lui répondre, il insiste, je n'ose pas dire non, ça m'interpelle, mais mes sentiments pour lui sont tièdes, je me dis qu'un enfant, ça pourrait nous réunir… Je suis jeune, j'ai vingt-sept ans et j'ai peur de me retrouver seule. La côte sera raide, je le sais. J'écris un nouveau show avec Yvon Deschamps, Sophie Clément, Gilbert Chénier et Judi Richards (la blonde d'Yvon, maintenant sa femme), un show de Noël, *Attends ta délivrance.* Je n'ai pas le cœur à l'ouvrage, mais au moins je ne suis pas seule. Je ne suis pas bien nulle part, ni avec mon chum ni avec ma gang. Je sais que je devrai affronter le public toute seule, mais je retarde le moment du choc. C'est un joli show qui n'a pas l'impact de *L'Osstidcho,* on le sait tous. Yvon écrit de nouveaux monologues, et moi de nouvelles chansons. Le tout est lié par des sketches : dérision, humour, engagement politique. Jacques Perron en signe la musique. On le jouera du 18 décembre au 11 janvier 1969-1970, à la Comédie canadienne.

Quelques semaines plus tard, j'ai une offre de Brassard, Tremblay et Dompierre qui m'apparaît extraordinaire : *Demain matin, Montréal m'attend,* une comédie musicale au Jardin des Étoiles, du 4 au 23 août 1970 avec en vedette Denise Filiatrault et moi.

En mai 1970, un événement majeur change ma vie : je suis enceinte. Le jour de la première de *Demain Matin,* j'aurai trois mois de grossesse. Le *timing* est loin d'être parfait. Mais je le garde, je le veux, le papa est heureux. Le début de ma grossesse se passe très bien et sans maux de cœur. Je suis comblée : jouer, chanter et danser, quelle école ! Tout ça avec Denise Filiatrault dans toute sa splendeur. Je *flye.* J'ai affaire à me grouiller pour ne pas avoir les ailes cassées. Denise ne fait aucune concession, elle apprend très vite, il faut la suivre sinon la fumée lui sort par les oreilles. Malgré tout le respect qu'elle accorde à ses camarades, son célèbre « À quelle heure le punch ? » peut se lire sur le bout de son pied qui bat la mesure en attendant que le ou la camarade accouche ! Pour moi, elle a fait un petit spécial… le bébé aurait été prématuré !

L'univers de Tremblay, en 1970, truffé de travestis, de guidounes, de filles de club, est une transgression faite avec un humour si proche de ses personnages qu'on accepterait de voir une fellation sur scène sans en être offusqué ! C'est encore sa force, cet humour tragique que j'aime tellement. La musique de Dompierre me séduit, elle est bonne, tendre, nourrissante et chaude. C'est un repas complet, quoi. Pour moi qui ne cuisine pas, c'est le compositeur par excellence.

Me voilà donc dans un écrin de satin, un coffre à bijoux signé Tremblay, Dompierre, Brassard.

Nous jouons, je le rappelle, au Jardin des Étoiles à la Ronde. Un jour, entre deux représentations, un ami me présente un jeune homme d'une beauté éclatante, Luc Plamondon. Je le trouve intéressant, il raconte ses voyages en Europe, ses études en langues en Allemagne et en Italie. Il connaît mon idole, Monique Leyrac, il vient de lui écrire une chanson, je suis impressionnée. Il m'apparaît comme un jeune homme comblé, bien dans sa peau, un peu fendant, ce qui n'est pas pour me déplaire. Je le recroiserai tout au long de ma carrière. Il sera un collaborateur impeccable, fidèle, et un ami fou de la peinture avec qui, dans les années 80-90, j'ai écumé plusieurs galeries d'art et quelques bars dans le Marais.

Demain matin, Montréal m'attend est un immense succès. Deux mois plus tard, en octobre 1970, toujours enceinte mais de cinq mois, les amis journalistes de Jean-V. sont souvent à la maison ou nous chez eux. Nous soupons chez l'un et chez l'autre, dont un soir chez Pauline Julien et Gérald Godin, souper au cours duquel les policiers débarquent très brutalement. Ils viennent *faire peur au monde.* Mais cette fois-là ce n'est pas un film, c'est la vraie vie, la vraie peur, en tous cas pour moi, qui me colle à Jean-V. Ils n'arrêtent personne ce soir-là. Gérald et Pauline seront arrêtés plus tard. Jean-V. et moi ne serons pas arrêtés pendant les « événements d'Octobre ». Je suis enceinte, la révolution frappe aux portes du Québec, mon chum prend ça très au sérieux. J'ai les mains sur mon bedon, j'ai pas envie que mon fils entende les balles siffler autour de lui comme musique de bienvenue dans la vie. Alors, pour me calmer et pour bercer mon enfant, je vais chanter au Black Bottom dans le Vieux-Montréal. Je demande au public de ne pas fumer pendant mon show. Les gens applaudissent à ma requête et Alexis bouge quand je chante. La tempête se calme, moi aussi.

Alexis naît le 7 février 1971. Deux mois après l'accouchement, je joue dans une autre comédie musicale, mais filmée cette fois, *IXE-13,* un film de Jacques Godbout dont Dompierre compose la musique. Le tournage débute en avril 1971. Les journées de tournage commencent à cinq heures du matin et se terminent à dix-neuf heures. Jean-V. comprend alors que mon métier ne demande pas la permission aux pères pour que les mamans travaillent, il trouve ça très dur. Je compte sur lui pour me seconder, mais les hommes en 1971 n'ont pas de congés de paternité, pas plus que les mères qui travaillent. Et moi, je ne sais pas dire ce que j'attends de lui. Je crains sans doute sa réaction. Les femmes s'occupent des enfants, les hommes travaillent. Jamais je ne lui ai dit que je voulais arrêter temporairement mon travail. Ça ne s'arrête pas. Quand le train passe, il faut sauter dedans, et les trains passent souvent pour moi à cette époque. J'engage une nounou, je me sens coupable quand j'annonce la nouvelle à Jean-V. Ce sentiment deviendra de plus en plus lourd à porter. Il me reproche de trop travailler. Je n'accepte pas ce reproche.

Je n'ai pas de temps à accorder aux remords, j'ai trois rôles principaux dans *IXE-13*: une Française, une Chinoise, une Québécoise. Plusieurs chansons et des dialogues. Pendant le mois qui précède le tournage, nous enregistrons *live* avec une cinquantaine de musiciens au studio de l'ONF. Je veux être à la hauteur des attentes de Jacques Godbout et de François Dompierre.

Quand on m'impressionne, je veux impressionner à mon tour.

Je ne vois jamais la lumière du jour. Je me lève à l'aube, je quitte le studio le soir, brûlée sans doute, mais je ne ressens pas ma fatigue, le fun a pogné dans la cabane avec les quatre Cyniques apprentis comédiens et chanteurs. Sur le plateau avec les Cyniques et toute une équipe d'acteurs chanteurs fabuleux, de Luce Guilbault à Louisette Dussault, et de Carole Laure à Jean-Guy Moreau, nous jouons dans les décors en papier de Claude Lafortune. On chante et on s'amuse comme des enfants, conscients que nous jouons dans un film hors norme et unique en son genre. C'est aujourd'hui un classique du cinéma québécois, un film culte. Ça reste un des plus beaux moments de ma vie. Un film culte *cute*!

Après le tournage, la vie ne sera définitivement pas une «vue»... Jean V. décide qu'il faut déménager pour des raisons économiques! Pendant le tournage, il part à la recherche d'un appartement. Quand je le visite, je retiens mes larmes devant le propriétaire. Trop tard, le bail est signé. C'est minuscule, le piano dévore le salon, les chambres sont sombres et petites, de la fournaise à gaz dans la cuisine sort un grand tuyau de métal qui sert de calorifère pour le logement. Nous sommes au deuxième étage, donc pas de cour, pas de balcon, pas d'espace, pas de confort. Je sens que notre histoire se termine en y mettant le pied. J'essaie de m'y sentir bien, mais dans la baignoire sabot, je pleure l'amour en allé. Devant coucher dans le salon sur un divan, la gardienne a prétexté un autre engagement pour partir. Je panique et je sens Jean-V. paniquer autant que moi. Je suis incapable de quitter le papa, briser une famille si rapidement me tourmente, le temps passe et n'arrange rien. Je m'étourdis dans le travail.

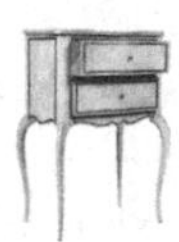

En juin 1972, pendant la générale de la reprise de *Demain matin* au Théâtre Maisonneuve, il se passe un événement qui me donnera confiance en mon instinct à certains moments importants de ma vie. Nous sommes à quarante-huit heures de la première. À la fin du show, Lola Lee (Denise Filiatrault), ma grande sœur, une vedette dans les clubs à Montréal qui ne *veut pas* que sa petite sœur, Lyla Jasmin, vienne la faire chier dans son métier et peut-être lui voler sa place, me garroche cette réplique avant de chanter *La Complainte de Lola Lee*: « La gloire, ma petite fille, c'est une côte que tu montes à pied pis que tu descends en bicyc. » Sur ce, elle arrache la perruque que je porte dans l'espoir de lui ressembler, pour me faire comprendre de sacrer mon camp de Montréal.

Dans la première version, je subissais l'outrage pour ainsi dire sans broncher. Dans la deuxième version, j'ai eu le temps d'y penser : mon personnage ne peut pas être aussi impuissant devant cette situation. Il me faut en parler avec Brassard. Nous sommes à quarante-huit heures de la première, mais il comprend ma demande, il discute avec Tremblay et Dompierre. Le lendemain, à la générale, je fais une chanson a cappella : faute de temps, les musiciens ne peuvent m'accompagner. Tremblay a eu une idée touchante : au lieu de s'« obstiner » avec sa grande sœur, la petite sœur (moi) change complètement de registre et chante : « Tous les Johnny sont des écœurants », un cri du cœur pour répondre au cri de rage de sa grande sœur.

Quel cadeau ! Et quel cadeau je me fais aussi en proposant à Brassard de chanter sans micro à Maisonneuve. Je me souviens de Brassard, Tremblay et Dompierre, au fond de la salle, vérifiant si ma voix portait jusqu'aux balcons. Sur scène, la troupe attend, Denise ne manifeste aucune impatience, elle attend comme les autres et me fait un clin d'œil quand le verdict positif des trois gars retentit dans la salle du Théâtre Maisonneuve. J'entends encore Brassard dire : « C'est correct on t'entend ben assez ! »

À partir de ce moment-là, Lyla Jasmin (mon personnage) a regagné sa dignité aux yeux de toute la gang de sa sœur, même sans sa perruque et malgré l'affreux *net* collé sur son crâne. Le public vit avec Denise et moi des moments puissants. Denise avec *La Complainte de Lola Lee* et moi avec *Tous les Johnny sont des écœurants.*

J'avais enchaîné deux des plus grands spectacles musicaux des dernières années au Québec, il était temps de sortir un nouvel album. J'ose quelques textes, Perron écrit les musiques de plusieurs chansons dont *Le Cantic du Titanic, Quand té pas là, Translation.* Pendant ce temps, Jean-V., le père d'Alexis, se pose de sérieuses questions. Je ne suis pas à la maison, c'est vrai, et il n'a pas envie de jouer à la mère suppléante. Chaque spectacle est pour lui un souci qu'il n'arrive pas à accepter et, moi, je me sens de plus en plus coupable, incapable d'exprimer ma colère et mon malaise. Notre couple suffoque.

Mon Alexis est ballotté jusqu'à ce que je demande à Jean-V. de prendre en charge son fils puisque sa vie est plus stable que la mienne et que l'idée de voir notre enfant élevé par une petite gardienne de quinze ans m'est insupportable. Le couple éclate, mon cœur se brise et la famille se casse. Mon métier me comble, mais ma vie affective me tue. Pendant des années, je vivrai cette dualité, cette déchirure qui me mettra un jour les épaules à terre, terrassée par une dépression nerveuse majeure. Mais à ce moment-là, la vitesse de croisière est telle que de descendre du train en marche m'aurait tuée.

Aujourd'hui, je n'ai plus de culpabilité face à mes choix, mais il m'a fallu faire un sérieux travail pour m'en sortir, et arriver à rétablir avec mon fils une relation où tout a été dit et vaillamment absorbé par les deux protagonistes. Quelle joute on a gagnée ! Il m'a aidée par son ouverture et sa profonde lucidité. C'est avec cette relation retrouvée que j'ai ressenti l'amour pour la première fois, mais Jean-V. Dufresne nous a quittés trop vite. Il est décédé en 2000. Il me manque.

ONZIÈME TIROIR

Les années folles

EN 1973, MICHEL BRAULT M'ENGAGE POUR JOUER UNE ASSISTANTE SOCIALE dans son film sur la crise d'Octobre, *Les Ordres,* qui vient d'être déclaré, au printemps 2012, chef-d'œuvre par l'agence Médiafilm, en compagnie de *Belle de jour* de Luis Buñuel et de *Fanny et Alexandre* d'Ingmar Bergman.

Un tournage ingrat avec un grand réalisateur, dans des lieux glauques – des prisons – pour revivre des événements trop frais dans nos mémoires de citoyens. Quel film ! Un autre classique. Non, un chef-d'œuvre !

Entre-temps, j'emménage avec un de mes nouveaux musiciens. Je passe du grand intellectuel au bûcheron du Lac-Saint-Jean. Il a la fibre folklorique puisqu'il fait partie des Karrik, un duo qui a popularisé *Au chant de l'alouette.* J'aime l'énergie joyeuse et simple du folklore, j'ai envie de rire et de fêter. C'est tout à fait le gars de la situation. Toute ma vie, j'oscillerai entre la raison et la passion. C'est bête à dire, mais c'est comme ça. Même chose pour mon répertoire où je passais de Jean Genet à *La Prison de Londres.* J'ai deux filles en moi et ça ne s'arrange pas avec le temps... Une dichotomie douloureuse qui va me conduire chez ma première psy.

J'écris des chansons, je deviens auteure pour moi – pas encore pour les autres –, j'ai un nouveau chum et je travaille, sans avoir pris de distance sur ma vie, dans un appartement vide et sombre, sans meubles à part un piano à queue, une table de travail, un matelas et des coussins sur le sol. Une table, genre taverne, viendra compléter le décor. J'y vivrai pendant quatre ans comme une femme mal dans sa peau, mais comme une chanteuse heureuse et bien dans son métier. Pas facile pour personne.

Après la rupture avec mon musicien en 1976, je me retrouverai seule et je prendrai le temps de jeter un coup d'œil sur ma vie. Finalement, ce sera beaucoup plus long qu'un coup d'œil. Quatre années de tournées ici et en Europe, où mon métier deviendra une PME qui fait vivre seize personnes, où mes relations amoureuses seront comme un gilet de sauvetage percé dans un bateau qui prend l'eau.

Mon passage à l'Olympia avec Robert m'a fait connaître en France. Mon album éponyme sort à Paris dans la même maison de disques que Vigneault et j'ai des petites tournées qui s'annoncent. Je vais chez les Français trois ou quatre fois par année. En plus, je « tourne » partout au Canada (politique du bilinguisme de Trudeau), au Québec et jusqu'à la baie James. La vie en tournée est très ardue. Mes musiciens sont alcooliques ou drogués, en tout cas jamais à jeun... C'est une vie exigeante et mes directeurs de tournée trouvent ma gang insupportable.

Un matin, rue Vavin à Paris, dans un petit hôtel où nous n'irons plus, le directeur de l'hôtel m'apostrophe avec une lampe brisée à la main et une cigarette Celtique dans l'autre. Pendant la nuit, un de mes musiciens a jeté la lampe de sa chambre par la fenêtre du haut du cinquième étage. Heureusement, il n'a blessé personne…

Pour rester dans l'horreur, au Festival de Spa où je viens de remporter un grand succès en vedette principale dans la grande salle du Festival, pendant que j'accorde une entrevue à un journaliste dans ma loge, les musiciens avec mon gérant français boivent sans m'attendre tout le champagne que le festival nous offre. Lorsque je sors de ma loge après l'entrevue d'une heure, il n'y a plus personne. Encombrée de mes housses de costumes, de mes fleurs, de ma valise de maquillage, je cherche mon équipe. Je les retrouve à la sortie du théâtre, ils sont debout sur les toits des voitures stationnées et dansent avec leurs grosses bottes, saouls comme des cochons. Ils ont vraiment tout bu.

Je rentre seule avec mes fleurs, je souffre d'« abandonnite aiguë » et je dois demander à une ouvreuse de m'appeler un taxi. Je me couche sans avoir pu célébrer mon succès, et mon chum n'est pas là. Il lève sans doute le coude à mon succès à la Taverne de la Mort subite. Il trouvera ma porte verrouillée à son retour. Je me libérerai de cette équipe quelques mois plus tard à la fin de ma tournée. Ainsi que du chum.

Le Festival a dû payer les dommages… Me les ont-ils facturés ensuite ? Je ne sais pas. Mon gérant de l'époque ne me parle pas d'argent et, moi, je fais confiance, mais quand je le quitte deux ans plus tard, je lui dois 30 000 dollars. Comme je n'ai pas de comptable, rien ne peut être vérifié. Depuis ce jour, j'ai une comptable.

Tout ça m'a coûté extrêmement cher, en stress et en argent, et je comprendrai, enfin, une des lois de base du show-business : « On ne couche pas avec le staff », même s'ils sont les seuls hommes que tu croises dans ta vie pendant tes années fastes. Mais je dois ajouter que les moments passés sur scène avec eux étaient magnifiques. Ils étaient d'excellents musiciens en même temps que des ados attardés.

À mon retour, je ne retrouve pas un cocon familial bien organisé comme il aurait été normal, c'est ce que je me dis. Je n'ai jamais été « normale », plutôt singulière en tout, et dans ma vie affective et dans mon métier. Je ne fais que travailler et perdre le contrôle sur ma vie, enfin c'est ce qu'il me semble !

Il y a eu des rencontres mémorables et des événements historiques très importants dans ma vie durant ces années folles. J'ai été invitée à l'inauguration de la baie James. Je n'oublierai jamais ma brève rencontre avec Robert Bourassa après le spectacle d'inauguration. Souvenir bouleversant, je le revois soutenu par deux amis, un peu éméché, je le félicite pour sa Manic. Il éclate en sanglots devant moi, je suis émue. N'étant plus le premier ministre, c'est René Lévesque qui triomphe. Y'a pas que les chanteuses qui pleurent !

Les grands spectacles de la Saint-Jean sur la montagne, du 20 au 24 juin 1975, ont laissé un vif souvenir dans ma mémoire. Je serai sur la grande scène, entre Gilles Vigneault et Yvon Deschamps pour le show *Happy Birthday*. En répétition, d'un commun accord, les deux gars veulent chanter « Bonne fête » à leurs compatriotes, mais en anglais. Je trouve l'idée bonne, mais dangereuse. Yvon, toujours aussi gentiment provocateur propose de chanter lui-même la version anglaise. « On va se faire lancer des bouteilles ! » lui dis-je. Petite discussion jusqu'à ce que Gilles nous propose d'écrire une nouvelle chanson qui remplacera pour toujours notre vieux *Happy Birthday*. OK. Le lendemain, Gilles nous chante « Gens du pays, c'est votre tour… ».

Il a écrit le premier couplet et le refrain. Il nous offre, à Yvon et moi, d'écrire les deux autres. « Pas question, Gilles ! Voyons donc, c'est si beau, continue ! » Pour ma part, c'est un regret de ne pas avoir contribué à cet hymne tatoué dans le cœur de tous les Québécois.

François Barbeau m'a dessiné une robe longue super romantique. Je me suis revue sur les archives de Radio-Canada, je ne me reconnais pas. C'est comme une robe de Blanche-Neige, sauf que je ne suis pas entourée de nains, je suis entre deux géants. Chaque monologue, chaque chanson prend un sens politique ce soir-là. Le souffle de la foule annonce une déflagration puissante au Québec. *Pourquoi chanter* de Luc Granger et Jacques Perron fait pleurer la montagne et plus tard fera trembler les murs de l'Outremont.

Tout ce que nous disons ou chantons passe par la grille de l'indépendance du Québec. Je passe donc moi aussi par cette grille, moi qui me méfie du nationalisme. Tout ce que j'avais entendu autour de moi, les discours des amis sur les maudits Anglais, avait refroidi ce sentiment que je trouvais proche de l'intolérance. Il faut dire que la parenté, cousins, cousines, fils de prolétaires pour la plupart, devenaient très violents dans les partys de Noël quand la politique tournait autour de la table comme un vautour qui n'attend qu'à partir avec le cœur de celui ou celle qui n'est pas d'accord avec la « tablée ». Petite, j'avais assisté à des grosses chicanes laides. Transmettre une idéologie par la violence verbale, ça ne fonctionne pas avec moi.

Une autre occasion de réjouissances sur la montagne, mais de façon différente, a été le spectacle *Ça se peut-tu ?* aussi en 75. Il n'y a que des femmes sur scène ce soir-là, de Pauline Julien à Renée Claude, et de Nicole Martin à Ginette Reno (qui, le lendemain, volera le show à Ferland dont il était la vedette). La voûte céleste est sa cathédrale pendant qu'elle chante *Un peu plus haut, un peu plus loin.* Je crois même voir la croix du Mont-Royal les deux bras en l'air comme pour l'applaudir ! Quinze minutes d'applaudissements pour cette femme qui chante si bien le désarroi de quelqu'un qui veut s'en sortir. Tous et toutes sur la montagne ce soir-là croient à la possibilité d'aller un peu plus haut, un peu plus loin dans un pays nommé Québec. Ça se sent sur scène en voyant la foule réagir aux paroles et surtout aux émotions de Ginette Reno. Mais de la scène, quel spectacle on avait de la foule ! Il n'y a que le cœur pour chanter et que le cœur pour soulever les montagnes, notre montagne ce soir-là.

Les lendemains de veille de ces shows sur la montagne sont difficiles à vivre. La réalité ne veut plus revenir dans ta maison, elle est intimidée par l'odeur de la gloire sur la peau. Les hormones sont collées au plafond. L'adrénaline ne nous lâche pas. Inexplicable pour mes voisins et mes amis, donc solitude démesurée pour succès gigantesque.

Plus tard, à l'automne 76, je reçois un appel de mon gérant français, je suis l'heureuse gagnante du prix de l'Association de la critique de variétés, « Le manteau d'Arlequin », pour mes qualités d'interprétation et d'écriture. J'apprendrai des années plus tard en lisant enfin les critiques et les reportages faits sur moi (je n'ai jamais lu mes critiques pendant quarante ans) que deux noms étaient en compétition : Robert Charlebois et moi. On le méritait tous les deux. Cette fois-ci, c'était mon tour.

À Paris, je reçois mon prix (sous forme de diplôme) accompagnée par un jeune chanteur berbère d'une beauté troublante. En tout cas, sa présence au dîner d'honneur suscite quelques sourires forcés autour de moi. Je ne fais jamais les choses tout à fait comme il faut. Je me réjouis à l'avance de semer la controverse.

C'est mon premier prix après dix ans de métier… J'en aurai d'ailleurs peu : un Félix, meilleur auteur-compositeur-interprète de l'année en 1987 pour la chanson *Le Diable avait ses yeux,* et un Gémeaux meilleure actrice dramatique pour le personnage d'Irma dans *Le Négociateur* en 2007. Quelques prix pour des chansons écrites pour d'autres : Isabelle Boulay *Jamais assez loin* écrite avec Zachary Richard, *1500 milles* pour Éric Lapointe écrite avec Daniel Lavoie. Et un prix d'interprète offert par la SPACQ avec une bourse. Et puis, en 2008, le prix de l'Académie Charles-Cros pour l'album *Éphémère,* écrit avec Alexis Dufresne, mon fils, récompensant la qualité de nos chansons. Il m'a fait plaisir celui-là, Monique Giroux avait envoyé mon album au jury francophone et c'est avec elle que j'irai chercher ce prix.

Il me reste un très joli souvenir de ce séjour. Après le spectacle, mon équipe m'invite à la brasserie de la gare de Lyon, *Le Train bleu,* un endroit des plus parisiens Art déco, où nous mangeons et buvons bien. À la sortie, il y a une montagne de bouteilles de champagne… vides pour faire la promotion de la cuvée Louise. Monique ne peut résister à l'envie de m'en offrir une. Mine de rien, elle « emprunte » une bouteille qu'elle dissimule sous son manteau et me l'offre dans le taxi du retour. Je l'ai toujours.

Quelques semaines plus tard, le plaisir ne fut malheureusement pas prolongé par un Félix auteur-compositeur au gala de l'ADISQ 2011. Ça m'a attristée. C'est puéril, peut-être, mais pour moi, ce prix aurait été une reconnaissance de mon parcours d'auteur.

Revenons en 1987. Au Palais de Chaillot, Guy Latraverse se bat pour ouvrir un marché avec la France. Il a organisé un show de groupe avec Ti-Jean Carignan, Jeanne-d'Arc Charlebois, André Gagnon et moi, en première partie. Diane Dufresne fera la deuxième partie. Je me faisais une joie de travailler avec elle, mais je n'ai pas pu la rencontrer, sa porte de loge était toujours fermée…

Un incident indésirable et imprévu m'attend à l'hôtel quelques jours après la première du spectacle. Mon père, à mon insu, m'a suivie à Paris et s'est installé à mon hôtel. Il vivait sa carrière ratée de chanteur à travers moi. Ma chambre donne sur une cour intérieure. Un matin, vers dix heures, j'entends un violoniste faire ses gammes. Je sais immédiatement qu'il n'y a qu'une seule personne sur terre capable de faire chier tout un hôtel pour signifier à sa fille qu'il n'est pas loin. J'écris ça aujourd'hui et la situation m'apparaît d'un comique infini. J'imagine les clients en train de l'insulter. Mais à ce moment-là, j'éprouve une colère énorme. Je m'habille à toute vitesse et je descends à la réception pour demander le numéro de chambre du… violoniste. La porte de l'ascenseur s'ouvre sur mon père tout souriant. Il n'a pas le temps de dire un mot: «C'est la première fois qu'on se croise dans cet hôtel et c'est la dernière. Je ne veux plus te voir jusqu'à mon retour à Montréal et encore, je verrai s'il y a lieu.» Je tremble de la tête aux pieds. Je cours me cacher dans un café, je me sens coupable, je veux mourir, j'ai tué mon père. Je l'imagine sanglotant sur un banc public, mais ma rage est incontrôlable. Peu après son retour à Montréal, il déménage à Québec. Il a compris.

J'emménage quant à moi dans un immense appartement, Alexis viendra m'y rejoindre. Il a sa chambre où je lui permets de dessiner sur les murs. Il dessine très bien. J'ai un bureau et une terrasse dans les arbres. Il y a surtout de la lumière du matin au soir. Je reverrai son papa, on recoudra une famille d'un modèle singulier. Ça prendra du temps, mais au moins je trouve les mots justes pour exprimer mes besoins et pour répondre aux besoins des autres.

Je traverse de plus en plus souvent le grand océan gris. Des tournées se font avec mon agent français Nono, ce « tourneur » haut en couleur qui *booke* les chanteurs. Je suis cataloguée chanteuse de gauche en France. Pourquoi ? Question d'attitude ? Je n'ai pas la *star attitude,* alors je suis une chanteuse engagée pour eux. Quoi qu'il en soit, je me dis : « Écoute-moi ben, fille, par en arrière ou par en avant, par la gauche ou par la droite, tout c'qui compte c'est que la porte s'ouvre, câlice !

La porte s'est ouverte pour moi en 1978 au Printemps de Bourges. Daniel Colling a programmé la deuxième saison de ce jeune festival, et j'en fais partie. Je chante en première partie d'Anne Sylvestre, une grande auteure, à la mesure de Brassens, Ferré et Brel, alors il me faut être à la hauteur. Je porte une robe rose en peau de biche en pièces détachées retenues par des lianes de cuir, avec des bottes cosaques roses. Nous sommes en avril et je suis d'attaque. J'ai de nouveaux musiciens, civilisés ceux-là. Je prends ma place, j'assume ma petite entreprise. J'ai confiance en moi, ils me respectent. L'énergie est palpable. Le show est branché sur le 220. J'ai le diable au corps, ma robe est en flammes (en tous cas, c'est ce qu'un critique a vu !). Le band est merveilleux sous la direction de Charlot Barbeau.

Le lendemain, en première page du journal de Bourges, une grande photo de moi, un genou à terre, la cuisse exposée grâce à la subtilité d'une déchirure dans la robe, et les deux bras au ciel. Ouf ! Le bonheur. Dans la salle, sans que je le sache, il y a l'ancien gérant de Félix Leclerc. Il a aimé le spectacle, me dit-il, tout souriant, le lendemain dans son bureau à Paris. Il veut s'occuper de ma carrière en Europe. Je chante depuis quinze ans, je rêve depuis dix ans d'accrocher mon nom sur la marquise d'un théâtre parisien et voilà qu'un grand impresario me signifie son envie de travailler avec moi. Nous signons une entente : il s'engage à me monter une tournée pour octobre et novembre ainsi qu'un lundi à l'Olympia. Toute l'équipe est heureuse, deux mois à Paris avec une paye ! Et moi, je suis enfin rassurée. Enfin mon travail est récompensé. Dire comme je suis heureuse, confiante et pleine d'idées pour cette nouvelle carrière française ! Il n'y a pas de mots, juste des cris, mais ils viendront, ces mots, avec toute l'énergie que me donne cette nouvelle collaboration.

De retour à Montréal, Jean-Claude Lespérance s'occupe de faire les demandes de subventions. Je continue mes tournées au Québec, je suis motivée comme une athlète sur les *starting-blocks* et le gros cochon en peluche rose que m'a offert la municipalité de Sainte-Perpétue à l'occasion du Festival du cochon devient ma mascotte, à l'image de ma bonne humeur attachée au succès de Bourges. C'est le genre de trophée dont on ne parle pas dans les talk-shows… J'en parle aujourd'hui avec beaucoup de tendresse. C'est le plus beau de tous les trophées pour moi. (Mais où est-il, ce cochon ?)

Quelques jours plus tard, je suis chez moi en train de prendre mon café avec le gros cochon en peluche rose de Sainte-Perpétue assis en face de moi ! C'est la canicule. Le téléphone sonne.

« Allô ! Daniel Colling du Festival de Bourges à l'appareil. »

Sa voix est glaciale, son ton accusateur. Il enchaîne :

« Qu'est-ce qui se passe ? Je n'ai aucune nouvelle et je ne peux joindre personne au bureau de votre gérant au Québec. Votre gérant français est furieux, lui non plus n'a aucune collaboration de votre équipe. »

J'explique que c'est le temps des vacances, que je ferai tout pour parler à mon équipe, mais au fond de moi je n'arrive pas à comprendre, j'ai un mauvais pressentiment. Daniel me fait comprendre qu'il a besoin de toute urgence d'une confirmation pour mettre les choses en route, sinon tout sera annulé, la tournée et le lundi soir à l'Olympia. « Si rien ne se règle, votre carrière en France est terminée. En passant, nous sommes en vacances tout le mois d'août ici en France, alors faites vite !

– Je m'occupe de tout. Ils vont vous rappeler sans faute. »

Je glisse le long du mur sous le téléphone mural, je me retrouve sur le plancher, pendue au bout du fil comme si on venait de m'annoncer la mort d'un proche et j'ai terriblement peur. J'ai tout fait pour rassurer Daniel, mais il était hors de lui. Je sens que le vent a tourné, j'appelle mon équipe, mais ils sont tous en vacances. Je me sens abandonnée. Si j'avais eu de l'argent, je l'aurais utilisé pour partir en tournée. Mais je n'ai pas beaucoup de sous. Quand je parle enfin avec Jean-Claude Lespérance, j'apprends qu'ils n'ont pas eu de réponse aux demandes de subventions et que ça ne semble pas normal. En effet, il y a eu un changement de ministère pour les demandes de subventions, peut-être est-elle au fond d'une boîte dans un bureau à Québec ? « Allons-y, Jean-Claude. »

En juillet, pas moyen de joindre un seul fonctionnaire. Le temps passe, la semaine de répit s'achève, je cours de tous les côtés, il me faut trouver 20 000 dollars pour couvrir les billets d'avion, les hôtels et le salaire de mes musiciens. Je souhaite que mon équipe me propose une avance, que quelqu'un m'aide… Mais pas de réponse à mes appels.

Je rappelle Daniel Colling. Je lui explique la lenteur des procédures, il ne veut rien entendre, il me dit que ma carrière est foutue en France. Les Français rompent les contrats, mon gérant français ne veut pas m'adresser la parole, je lui écris une longue lettre pour expliquer ma situation, je n'aurai pas de réponse, je libère mes musiciens qui m'avaient réservé leur automne, ils sont très corrects avec moi en renonçant à toute poursuite et je me retrouve aussi terrorisée qu'en haut de la côte de la quatrième Rue à Shawinigan sur ma tricyclette. Cette fois, il n'y a pas de monsieur pour me sauver la vie en bas de la côte, mais la dépression qui m'attend avec ses yeux rouges.

J'ai eu deux incidents, j'allais écrire deux accidents graves dans ma carrière. C'est le premier. Quinze ans de travail perdus dans le néant, je n'ai plus de ressort, toutes ces années à y croire, à ne vivre que pour chanter parce que chanter est le seul moment où je suis heureuse. J'ai mis de côté tout un pan de ma vie pour être totalement disponible à mon art, pour gagner ma vie, et je suis en train de la perdre. Au secours !

J'ai commencé ma première psychothérapie. Elle débute avec cette phrase : «Je suis deux femmes, elles ne s'entendent pas, elles sont en train de me tuer. Je veux être UNE.» Le reste a duré cinq ans, je vous épargne les détails !

La même année, en 1979 donc, la chanson québécoise en arrache. Une fois le PQ au pouvoir, je crois que les Québécois ne peuvent plus nous entendre sans avoir dans l'inconscient une fleur de lys qui sent un peu trop fort. «Un peu de silence et savourons notre victoire. René Lévesque va toute nous arranger ça», semblent se dire les Québécois. Ma malchance a du *timing,* si on peut dire.

Je n'écris pas, mes chansons seraient trop déprimantes, alors j'ai un *flash*: pour m'amuser et pour le pur plaisir, je travaille avec des musiciens hors norme, une relecture des chansons de Robert Charlebois: « Charlebois à la Forestier », qui paraîtra en 1979.

Ô scandale! Ô sacrilège! Il n'aurait pas fallu adapter et rénover ces chansons encore fraîches dans l'oreille de ses fans. Je comprends ça aujourd'hui, mais trop tard, je me suis tapé un bide monumental. Je le réécoute, cet album, il y a des arrangements merveilleux, tous ne sont pas heureux, mais la version de *Fais-toi-z'en pas* de Réjean Ducharme et Charlebois et le disco pour « Entre deux joints », paroles de Pierre Bourgault et musique de Charlebois avec les chœurs de France Castel sont archi-intéressants.

Ainsi se termine cette décennie de 70 à 80. J'aurai tout vu. Je connais le métier comme si je le pratiquais depuis quarante ans. Il me faudra maintenant trouver une nouvelle façon de le pratiquer.

DOUZIÈME TIROIR

Le dur désir de durer

LA CHANSON TRAVERSE UNE DÉCENNIE TRÈS ARIDE DE 1980 À 1990. Je ne lâche pas, ce sont même pour moi des années très productives. Avec le « dur désir de durer », on endure. Pendant cette décennie, il y a un nouvel engouement pour les spectacles de groupe. On appelle ça des événements. C'est souvent télévisé et j'arrive à bien gagner ma vie avec ça. Il y a aussi plein de collaborations aux shows des Francos, entre autres, ici et en France. Entre deux spectacles, après les fins de tournées, c'est ce qui me permet d'écrire sans trop me tourmenter avec les problèmes d'argent. Il y a aussi la possibilité de téléviser nos spectacles, mais je n'ai pas beaucoup de chance avec le petit écran, aucun de mes shows n'est filmé. *Je suis au rendez-vous*, *La Passion selon Louise* et *Vingt personnages en quête d'une chanteuse*, qui, visuellement, sont plus élaborés que ceux des années soixante-dix, il me semble que… mais je ne suis déjà plus la saveur du jour, il me faut l'accepter sans amertume. L'amertume, ça fait rouiller en dedans.

J'ai quand même rouillé un peu !

En 1980, Plamondon décide de monter *Starmania* au Québec. La distribution de la version « made in France » a jugé bon de ne pas poursuivre l'aventure. Luc refait la distribution dont fait partie France Castel, qui est une amie. Elle m'annonce qu'elle va incarner Stella Spotlight et que la distribution est complète selon elle. Le lendemain matin, après une nuit passée à me persuader que la serveuse automate, c'est moi, je vais sonner chez Luc, à deux pas de chez moi. Il est là. Une heure plus tard, je ressors avec le rôle de Marie-Jeanne (la serveuse) sous le bras. Il a offert Cristal à Martine St-Clair qui a dix-huit ans et ne peut qu'être jeune et naïve. Et moi, moins jeune et revenue de tout (enfin presque, la vie allait me gâter encore de ses caprices) à trente-six ans, je lui ferai une serveuse qu'il n'oubliera pas.

Dix ans après *Demain matin, Montréal m'attend,* j'incarne à nouveau un personnage de comédie musicale. *Starmania.* Je serai une serveuse, une autre serveuse, Marie-Jeanne, la serveuse automate. La musique de Michel Berger et les textes de Luc Plamondon font des chansons parfaitement équilibrées, classiques par la musique et modernes par l'écriture. Il y avait eu Lyla Jasmin dans *Demain matin, Montréal m'attend,* il y a Marie-Jeanne, et des années plus tard, dans une série télévisée, il y aura Irma. Il y a dans les personnages québécois des années soixante-dix beaucoup de *waitress.* On a ça dans le sang, nous les femmes, hein ?

On joue à deux pas de l'ancien Patriote, rue Sainte- Catherine, au Théâtre Félix-Leclerc qui vient d'être rénové pour la première montréalaise de *Starmania.* Yves Blais et Percival Bloomfield produisent le spectacle qui partira en tournée dans tout le Québec avec sa nouvelle distribution « made in Québec ».

Le soir de la première est extrêmement électrique. Pour certains, c'est leur premier rôle dans une comédie musicale, pour d'autres, il s'agit de faire oublier les interprétations fabuleuses de certains personnages de la distribution de Paris, il y a à peine deux ans, et dont il existe un album vendu à des tonnes d'exemplaires ! C'est mon cas, puisque je succède à Fabienne Thibeault, qui a fait un succès monstre avec la chanson *Le monde est stone.*

Deux minutes avant d'entrer en scène, je suis seule en coulisses et je meurs un peu comme chaque fois. Luc me prend dans ses bras et me dit à l'oreille : « Je sais que tu feras de ce show un triomphe. » Je suis flattée par toute cette confiance et, en bon soldat, je mènerai la troupe à la victoire ! J'ai ce sentiment quand, après mon interprétation de *La Complainte de la serveuse automate,* la salle se lève d'un bond en criant bravo ! Je ne m'y attends pas du tout, je suis dans mon petit personnage tout ordinaire et voici qu'une clameur lointaine vient troubler mon univers. C'est un beau moment d'adrénaline. La serveuse automate, c'est ce qu'on appelle dans le métier un rôle payant, le personnage auquel le public s'identifie dès son apparition. Si ça n'arrive pas, t'es dans le trouble ! Fidèle à mes habitudes, je ne lirai pas les critiques, mais les rumeurs sont excellentes. Il reste de cette aventure un album *live* et des images d'une production frénétique et exigeante.

La tournée de *Starmania* est terminée depuis quelques mois. Dans mon auto, stationnée au coin de Parc et Laurier, je pleure la mort de mon chat Philibert à l'hôpital vétérinaire. Magnifique journée de printemps. La mort d'un animal aussi gentil que Philibert est encore plus déchirante quand il fait beau. La peine n'aime pas le soleil sur les visages souriants des passants. Par hasard, Édith Butler, qui n'habite pas loin, m'entend pleurer. Je devais brailler plus que pleurer pour qu'elle m'entende malgré le bruit du trafic. Sans me demander la permission, la v'là qui embarque dans l'auto pour me consoler. On parle, on parle, pour finalement se raconter nos vies. Je lui dis que je suis à la recherche d'un producteur pour mon nouveau show, *Je suis au rendez-vous*. Elle me dit comme ça: «J'étais chez Luc Plamondon hier au soir, et il m'a parlé de toi, il t'aime beaucoup, va le voir, il pourra peut-être t'aider à trouver quelqu'un.»

Le lendemain, comme pour *Starmania,* je frappe chez Luc avec mon projet sous le bras. Il le lit et m'offre de le produire en me demandant de garder le secret. Je comprends, je l'embrasse, il me dit qu'il m'en «doit une» à cause de *Starmania.* Je sors de chez lui en repensant à mon Philibert qui vient de mourir. Je lui avais demandé de faire quelque chose pour moi dans le paradis des chats. Il l'a fait. Ainsi que Luc, un autre félin, qui a toujours été un tigre à mes yeux.

Pendant *Starmania,* tous les soirs, on se retrouvait au bar du Prince Arthur. Le Prince, «c'est un bar, un sourire, c'est pour s'offrir la chaleur et l'espoir quand vient le soir» (texte de Francine Ruel, musique de Pierre Flynn). C'est le must, La Mecque des artistes des années quatre-vingt. Il y a dans ce petit resto-bar grec une cinquantaine de places qui doublent le soir venu. Des acteurs, des musiciens, des metteurs en scène, des chanteurs, tous ceux qui sortent de scène viennent s'y détendre ou s'y exciter, selon le produit ingurgité. J'ai vu des équipes techniques complètes ainsi que leurs vedettes, dont moi-même, descendre du camion à deux heures trente du matin pour le *last call* du Prince. Et aussi tous les chanteurs français de passage, d'Higelin à Renaud. J'y ai même jasé avec Tom Waits dont je venais de voir le show au Saint-Denis, un show très théâtral : réverbère, banc de parc, char, et une présence en scène impressionnante. Il est assis presque seul au bar, une demoiselle l'attend discrètement, pendant qu'il jase avec ses fans.

Je fréquente le «prince du Prince», un jeune homme plus jeune que moi. Comme plusieurs de mes amoureux, il n'est pas *straight.* Celui-là, amateur de scotch, boit avec beaucoup de classe. L'élégance me fascine, et cette fascination me jouera de vilains tours tout au long de ma vie. Quand les choses se font avec une certaine grâce, ça passe. Il a du style, ce jeune homme, mais je constate non sans chagrin que sa dépendance à l'alcool n'est ni élégante ni passagère. Il est pris au piège, et moi, tout en profitant de temps en temps de ses remontants, je crois que mon amour pourra le sauver. Beau prétexte pour ne pas régler mon cas pendant que je perds mon énergie à vouloir l'aider à s'en sortir.

Sortir, je n'ai que ce mot à la bouche. Je ne suis

pas sortie pendant les quinze dernières années. Ma crise d'adolescence, je la fais à trente-six ans. C'est plus fort que moi, je m'éclate mais sans plaisir.

Je suis imprégnée de l'atmosphère du Prince et j'intitule mon prochain show, en 1983, *Je suis au rendez-vous.* Je viens de rompre avec le prince du Prince. Ma crise d' « adulescence » terminée, je me plonge dans la conception du show. C'est avec ce spectacle, un show très théâtral, que le lien entre ma vie et la scène est devenu de plus en plus étroit. Après *Starmania,* et même auparavant, je voulais briser l'image classique du récital de chansons. Avec *Je suis au rendez-vous*, je découvre ce qui me donnera des ailes pour les vingt prochaines années. En imaginant un scénario qui évolue selon l'ordre de mes chansons, je donne ainsi un climat à tout le spectacle, dans ce cas-ci ce sera celui d'un bar… bien sûr. Je choisis le Théâtre de Quat'Sous pour les souvenirs puissants qu'il m'inspire et pour le sens qu'il donne à mon show.

Ma toile de fond ? Le Prince Arthur. Les clients ? Mes musiciens. Le prince ? Le tabouret vide, peut-être ? (Il y a toujours un tabouret vide dans mes shows.) J'entre par la salle en imper, un feutre d'homme penché sur le front et une cigarette entre mes lèvres (*good old days*) que j'allume au briquet d'un spectateur choisi au hasard. J'inhale… j'exhale, je fais les cent pas sur scène en cherchant quelqu'un des yeux. J'ouvre le show avec *Je suis au rendez-vous*, écrite par Pierre Flynn et moi, suivie de *Lindberg* pour rappeler au public que ma carrière d'hôtesse de l'air fut flyée et enivrante (j'ai toujours expliqué mes vocalises dans *Lindberg* comme étant celles d'une hôtesse de l'air très gelée qui suivait les turbulences de l'avion avec sa voix). Cette chanson n'a pas vieilli et j'aime la chanter comme au premier jour.

En guise d'entrée en matière, je demande mon public en mariage : « Voulez-vous m'épouser ? » Après dix-sept ans de fréquentation, il me semble correct de leur demander où nous en sommes. Est-ce que mes chansons les rejoignent encore ? Je veux, comme on disait chez les religieuses, renouveler mes vœux. J'ai toujours dit que ce métier était une vocation, un sacerdoce peut-être, sans doute parce que la première scène qui m'a fascinée a été l'autel des églises de mon enfance. Jeune, les autels me fascinent, plus tard, comme artiste, les hôtels m'abritent, et ce soir-là, au Quat'Sous, je convoque le public au pied de l'autel.

Avec l'aide de Michel Beaulieu, éclairagiste, scénographe et ami, nous transformons la scène non pas en autel, mais en hôtel, chaque musicien est éclairé par une lampe comme dans les salles de pool. Autour du couvercle du piano à queue vibre un néon bleu et, dans le coin jardin de la scène, un escalier en colimaçon mène jusqu'au plafond du théâtre, c'est-à-dire nulle part. C'est du haut de cet escalier que je chante *La Complainte de Lola Lee*. J'imagine des scénarios autour de mes chansons. Bien sûr, le public ne voit pas ce travail intellectuel, mais il ressent les émotions que font naître en moi ces scénarios invisibles. Je termine la première partie avec *Pourquoi chanter*. À l'entracte, Mouffe arrive un peu inquiète en me disant : « Mais qu'est-ce que tu peux chanter après ça ? » La réception a été très bonne. « T'inquiète pas, Mouffe, je n'ai plus peur, j'ai trouvé le mariage parfait ente la chanson et le théâtre. J'ai été formée pour faire ce spectacle. »

En deuxième partie, j'ai une carte dans mon jeu dont je ne soupçonnais pas le pouvoir avant ce soir-là. La veille, pendant la générale, quelqu'un s'était précipité dans la salle pour m'annoncer l'effondrement du Prince Arthur. Le lendemain, lorsque le public entend l'intro, puisque la chanson joue beaucoup à la radio, je sens leur émotion. Quel incroyable concours de circonstances, chanter *Prince Arthur* le lendemain de sa disparition. Tout à fait dans l'esprit des années quatre-vingt, années pendant lesquelles la chanson québécoise ne nous a pas fait danser, ça c'est certain.

Je termine le show avec *La Vie en rose* en rappel. Ouf ! Mes doigts tremblent en écrivant cela, mais j'avoue que je voulais vraiment sentir qu'on voulait encore de moi.

« Avez-vous la réponse à ma question de tout à l'heure ? » que je leur demande à la fin de la chanson. « OUIIIIIII ! » répondent-ils. J'ai quarante ans !

Je suis au rendez-vous marche très fort. Le lendemain, après avoir lu les critiques dans les journaux, Jean-Claude Lespérance achètera la production. Toutes les fois où j'ai cru en moi, quand j'ai osé faire les premiers pas, j'ai trouvé des alliés. Jean-Claude, son équipe et moi travaillerons dans l'harmonie pendant deux ans, deux ans de tournée. Puis il a senti, avec justesse, le vent se diriger vers l'humour, le courant repoussant les chanteurs sur des berges moins fréquentées. Me revoilà, encore une fois, sans producteur. Je commence à m'y habituer ou à me tanner, ça dépend des jours.

De retour à Montréal en 1985 après un séjour de quelques mois à Ottawa pour jouer Lucy Brown, la fille du chef de police (Gilles Renaud) dans *L'Opéra de quat'sous*, mise en scène de Brassard, je reçois un appel d'Albert-André Lheureux, directeur du Théâtre L'Esprit frappeur à Bruxelles, qui remonte un show sur Brel pour une tournée en Russie, avec des chanteurs belges, et comme nous devons chanter sur une bande préenregistrée, connaissant ma voix, il pense que je pourrais remplacer une chanteuse qui quitte le show. Me voilà à Bruxelles, en 1986, puis en Russie sous Gorbatchev, trois semaines après l'explosion de la centrale nucléaire de Tchernobyl. Le voyage se fait de justesse. Nous n'allons pas comme prévu à Kiev, nous chantons pendant un mois à Moscou et une semaine à Saint-Pétersbourg. Quel voyage !

Un après-midi, au palais des tsars à Saint-Pétersbourg, la belle Maurane avec laquelle je me suis liée d'amitié, voyant d'énormes corbeaux dans les jardins du tsar, s'exclame : « Ah ! des bébés phoques ! » Je la surnomme immédiatement « Bébé phoque ». Maurane me baptisera « Hystéria Pétunia » à cause d'une propension aux flatulences provoquées par la nourriture russe : pommes de terre, pain et caviar.

Tous les soirs, des fans nous attendent à la sortie des artistes et nous kidnappent pour nous faire écouter leurs chansons et surtout pour savoir comment c'est chez nous, et ils finissent par sortir d'une armoire un petit pot de caviar conservé pour les grands événements. On ne se couche jamais avant sept heures du matin. Pas moyen de s'éclipser avant. Nous suivent dans nos fêtes deux jeunes hommes qui se déclarent trop rapidement amoureux de Maurane et moi, en s'imaginant que leur homosexualité est invisible !

Pendant ces nuits folles, j'ai le bonheur de voir, cachées dans un grenier, chez la veuve d'un ancien membre du KGB, des toiles de jeunes peintres. Impossible d'acheter quoi que ce soit puisque le régime inscrit derrière ces toiles : « Défense d'exporter cette œuvre sous peine de prison ». Nous sommes en pleine période de bouleversements, d'un côté c'est l'euphorie de la perestroïka et, de l'autre, le régime est encore très lourd, mais la mafia n'a pas encore sorti ses kalachnikovs.

On rentre souvent à pied en pleine nuit, Maurane et moi, mais il y a toujours une gardienne à l'étage pour vérifier nos allées et venues. Elles ne sourient jamais, les vieilles babouchkas, ni celles de l'hôtel ni celles du Musée de l'Ermitage, qui, en surveillant bien les confrères, nous chuchotent quelques mots en français. Ces dames, âgées de quatre-vingts ans au moins, ont étudié le français dans leur jeunesse. Un sourire trouve un chemin parmi leurs rides qui en disent long sur leurs vies. Ça vaut la visite du musée pour moi. J'aurais voulu les suivre jusque chez elles, me faire toute petite pour écouter leurs histoires de famille autour d'un samovar.

Ce voyage reste parmi mes plus belles tournées parce que j'ai côtoyé un peuple qui m'avait fait rêver pendant mes études de théâtre et que j'avais tellement aimé à travers ses auteurs, particulièrement Tchekhov.

C'est en Russie que Maurane et moi sommes devenues amies. Quand, en 1989, Alain Simard m'appelle pour me demander de chanter avec Maurane aux Francos de Montréal dont c'est la première édition, je lui dis: « Ben voyons donc, j'ai trop peur, c'est LA chanteuse des chanteurs et chanteuses, elle peut tout chanter, je suis perdante à côté d'elle. » Sur quoi Simard me réplique : « Il faut que tu sois en danger pour nous donner ce qu'il y a de meilleur en toi. » Imparable !

Nous avons ouvert les Francos avec un show merveilleux. Je chante avec les musiciens de Maurane, je n'ai plus de band à ce moment-là. *La Complainte de la serveuse automate* que nous avions chantée et jouée, elle à Paris (deuxième version) et moi à Montréal (première version) a servi de lien entre nous. Je me souviens des chansons *Le monde est stone* à deux voix a cappella, *Les uns contre les autres* avec les musiciens et pour dessert de *La Complainte de la serveuse automate.* Le show se terminait par une chanson originale dont j'avais fait paroles et musique : *Les Deux Waitress.*

Chanter ensemble s'est avéré un grand bonheur pour toutes les deux. On a rechanté ensemble souvent. En Belgique dans un de ses spectacles, mais aussi dans des shows de groupe au Québec et à Bruxelles. C'est une grande et magnifique musicienne. Elle chante comme une musicienne, je chante comme une actrice. Quel couple !

C'est grâce au spectacle Brel en Russie que j'ai pu connaître Maurane. On ne pouvait pas se douter qu'on se reverrait trois ans plus tard à Montréal.

Montréal m'attendait en 1986. Alexis aussi.

LES DEUX WAITRESS

LOUISE :
Mon patron monsieur Plamondon
m'a promis une augmentation
J'pourrai aller t'voir à Paris
tu me présent'ras tes amis.

J'vais enfin voir ton restaurant
ou plutôt celui d'monsieur Berger
paraît qu'on y rencontre souvent
de véritables célébrités !

REFRAIN
LOUISE ET MAURANE :
Serveuse à Paris
Waitress à Montréal
On n'est pas des femmes fatales
C'est la même job
le même boulot
On est pauvres comme Job
on a mal au dos
Qu'est-ce qu'on attend
pour ouvrir un restaurant ?

LOUISE :

Mon patron monsieur Plamondon
m'a pas donné d'augmentation
J'pourrai pas m'rendre à Paris
mais j't'invite à v'nir par ici.

Tu vas enfin voir ma « binerie »
disons plutôt celle du patron
sauf qu'ici c'est pas à Paris
tu verras pas Alain Souchon !

MAURANE :

Mon patron monsieur Berger
connaît bien ton Plamondon
imagine-toi qu'y ont acheté
une station de télévision

On devrait les imiter
on pourrait très bien s'associer
On ouvrirait une p'tite business
viens-t'en donc si ça t'intéresse.

LOUISE ET MAURANE :

On l'aura notre restaurant
on f'ra le service en chantant
ça s'ra la spécialité
de l'Underground Café.

PAROLES ET MUSIQUE : LOUISE FORESTIER

TREIZIÈME TIROIR

Vie et mort de la passion

UNE FOIS LA TOURNÉE TERMINÉE, je reviens à Montréal en juin 1986 et j'apprends que mon Alexis s'est cassé l'auriculaire en planche à roulettes. Comme il fait de la musique, piano et guitare, je m'inquiète de cet accident un peu trop significatif pour moi. Je le prends comme un appel au secours. Je suis en pleine thérapie. Rien n'arrive pour rien, expliquez donc ça à un ado… Mission impossible !

J'avais, avant mon départ pour la Russie, amorcé le scénario d'un nouveau spectacle sur la passion amoureuse. Ma quête d'amour continue. Je n'ai pas d'amoureux depuis six ans, je vis seule depuis quinze ans avec ou sans mon fils selon mes engagements, j'ai quarante-quatre ans et le célibat m'attriste. Je m'imagine en épouse, moi qui n'ai pourtant jamais voulu me marier.

Alors je conçois un spectacle sur la rencontre amoureuse qui fera naître une passion dévorante. Dans le scénario de mon nouveau spectacle, *La Passion selon Louise* (qui a donné naissance à une des plus belles affiches du show-business réalisée par Yvan Adam récompensé par un Félix), un homme traverse la scène, valise à la main, la dépose quelque part sur scène et disparaît en coulisses. La valise sera au coin de la scène tout au long du spectacle, jusqu'au moment où elle explosera, car elle était piégée, oh ! la métaphore qui fait mal ! C'est au Spectrum que *La Passion* aura lieu. Pour la production, je travaille alors avec une belle gang chez Spectra Scène. Dans mon équipe de créateurs pour *La Passion,* il y a Michel Beaulieu aux éclairages, Michel Demers aux décors et costumes, et, aux maquillages et à la coiffure, Pierre David, avec qui j'ai travaillé pendant quinze ans. Il nous quittera un an plus tard en 1988, terrassé par le sida. C'était un grand artiste, il me faisait des têtes superbes. J'ai toujours accordé beaucoup d'importance à mes cheveux, coupes et couleurs. Pierre et moi étions devenus amis. Nous avons beaucoup ri avec un petit joint de hash quand il me coiffait. Je ressortais du salon avec une nouvelle coupe que j'appelais la « coupe stoneley ». C'était lui aussi qui créait les têtes excentriques de Diane Dufresne (couronnes et plumes).

J'aime chanter au Spectrum, c'est un lieu parfait pour la chanson. Dans *La Passion,* je chante quelques-uns de mes classiques comme *Pourquoi chanter, Prince Arthur, Les Uns contre les autres* de *Starmania, Ne me quitte pas* de Brel. Pour ce show et pour l'album de *La Passion selon Louise,* j'écris plusieurs chansons avec Daniel DeShaime comme compositeur. J'aime travailler avec lui, c'est un merveilleux mélodiste. *Il m'appelle je t'aime* en est la preuve, mais c'est une toute nouvelle chanson dont j'ai écrit paroles et musique qui sera le grand succès du show : *Le Diable avait ses yeux* que je chante en m'accompagnant au piano. J'aime ce texte où je confronte une femme à la passion qu'elle éprouve pour son homme. Dans cette chanson, la passion sera destructrice… L'affiche dit tout : une femme sans tête, ni jambes, ni bras, est piégée par un sax qui entoure son corps comme un serpent… venimeux ? Ainsi en est-il avec la passion : elle est irrésistible et imprévisible par définition. *Le Diable avait ses yeux* me vaudra le Félix de l'auteur-compositeur de l'année en 1987, *ex aequo* avec Michel Rivard et Marie Bernard pour *Libérez le trésor*.

Un soir, avant le show, je remarque qu'il y a deux micros côte à côte pour ma voix. On m'explique que c'est pour un test. Je fais mon spectacle en chialant un peu parce que les deux micros me dévorent le visage. À la fin du spectacle, Alain Simard de Spectra Scène vient me féliciter pour l'enregistrement *live* de *La Passion* que je viens de terminer. J'ai trouvé l'idée géniale, ça m'a enlevé énormément de pression. Faire un album sans m'en apercevoir, le bonheur !

FORESTIER-GROULX

Junkie Lady

C'est le titre d'une chanson. Paroles et musique de Louise Forestier. Paroles et musique et quoi encore ? La voix bien sûr. L'âme aussi, c'est sûr. Plus que ça ? Qui est Junkie Lady ? L'autre, l'amie trop loin partie, ou le portrait de l'artiste elle-même ? Itinéraire banal d'une chanteuse dans la nuit ou patchwork des délires de vedettes shootées à la peur de mourir nobody ?

Il faut se méfier des paroles des chansons. Elles donnent rarement l'heure juste. Elles nous font flyer trois minutes sur dix ans de vache enragée, mais elles ne disent pas que lorsqu'on est capable de chanter, c'est que le bad trip est fini...

Elles ne le disent pas, mais ça se voit. Junkie Lady est la chanson désespérée d'un spectacle radieux, donné par une chanteuse en pleine santé. Le coup de cafard d'un show plein d'espoir, émouvant à force d'être straight. Le show d'une chanteuse qui a choisi la sobriété pour nous faire capoter. Junkie Lady, *une histoire de petit jour sale et d'aube fuckée, chantée à l'heure des téléromans, entre huit et dix heures. En sortant, on a même encore le temps d'aller coucher les enfants.*

Je n'ai jamais trouvé Forestier aussi belle qu'au Quat'Sous. Aussi belle, aussi touchante, aussi brillante... Aussi belle, tiens, qu'elle pouvait être chiante ces dernières années quand je la croisais à la porte des toilettes du Prince-Arthur où elle allait se refaire une beauté en poudre blanche. Les paroles, ici, sont de Francine Ruel, mais elles pourraient être de bien du monde de cette époque et de ce bar-là. Ce n'est pas par hasard qu'il s'est écroulé, le Prince-Arthur, tremblement de terre mon œil! Si vous voulez le savoir, il a cédé sous le poids de nos nuits, sous des tonnes et des tonnes de vie qu'on avait laissées là, en consigne. J'ai ri quand on m'a dit qu'il s'était effoiré. Effet comique de la dérision. Pourtant j'ai braillé quand Forestier l'a chanté. Effet magique de la chanson.

Je ne sais pas pourquoi j'ai pensé à Brel toute la soirée. Sans doute à cause du même mal de vivre et du même bonheur de le dire. Rouge, le cœur ouvert; bouge, c'est l'enfer... Parole d'une nouvelle Forestier qui n'a plus rien de folklo. Rouge, une chaleur plus qu'une couleur. Bouge, mais pas trop. Elle n'est pas allée chercher l'aventure à 14 heures, mais dans le plein midi tapant de ses quarante ans.

Un imperméable, un chapeau, elle arrive de loin à son rendez-vous du Quat'Sous. Un escalier, un piano, monte et descend nos émotions, et accroche le rêve en passant puisqu'il paraît qu'on meurt de ne pas rêver... Et toujours, sous le métier, la fragilité. Et derrière le triomphe, comme le souvenir présent, palpable d'une détresse... Oui, vraiment, la belle aventure d'avoir quarante ans et toutes ses dents. Oui, vraiment, un bien beau décor... vide de tout ce qui n'est pas l'histoire majuscule d'un cœur somnambule... Elle occupe la scène comme un territoire perdu et enfin retrouvé, un chat qui aurait pissé aux quatre coins n'en serait pas plus jaloux, d'ailleurs ça ne m'étonnerait pas qu'elle fasse de même, chaque soir, avant les trois coups.

Elle chante Lola Lee qu'on avait oubliée, et on avait tort, de Michel Tremblay. Elle chante magnifiquement tout le temps, mais plus encore Avec le temps de Léo Ferré. Elle chante Le monde est stone de Plamondon, et c'est la première fois que je comprends que le monde est gelé, quand c'est Fabienne j'entends toujours qu'il est glacé. Elle chante le blues et les bluettes de Francine Ruel... Et j'ai tout avalé, oui, goulûment, même la serveuse aux tomates qui n'est pourtant pas un légume facile à digérer...

Junkie Lady, deux heures durant, n'a plus d'aiguilles à son cadran. Mais c'est une autre illusion de la chanson. En fait, les junkies sont dans la salle, ils flippent sous la caresse d'un super fix de tendresse.

À la fin, Cundy Lady remet son imper et son chapeau, et s'en va en chantant La vie en rose... juste avant l'overdose.

Pierre Foglia, La Presse, *5 novembre 1983*

C'est pendant la tournée de *La Passion selon Louise* que je rencontre l'amour de ma vie. C'est le mot le plus juste que je puisse utiliser pour décrire l'état dans lequel je serai pendant sept ans. Il est Français, Parisien et chercheur en pédopsychiatrie. Quand il me rencontre, il n'a jamais entendu parler de Louise Forestier et ça me fait plaisir. Je me dis, tout excitée : « Ce n'est pas la chanteuse qui l'attire, c'est la femme. » Dans la voiture, en venant me reconduire à la maison, il me demande pourquoi je suis seule, puisque je suis si jolie, etc. J'explique péniblement sans jouer à la victime que mon statut d'artiste très connue me joue des vilains tours. Serais-je l'« inaccessible étoile » que chante Brel dans *La Quête* ?

Soyons franche, j'étais en quête d'amour et on ne s'est plus quittés à partir de ce soir-là. Nous emménageons dans sa nouvelle maison à Westmount. J'ai un bureau avec mon piano à queue et une véranda cocon d'écriture. C'est un immense appartement séparé en deux avec chacun nos quartiers. J'ai très peu de mes meubles, car c'est sa maison. Je donne mes choses à ma nièce et je garde mon piano et une armoire antique québécoise. Je « voyage léger » et c'est tant mieux, car à ma grande surprise la randonnée sera rock and roll.

Nous trouvons un vieux chat abandonné qui, après une visite chez le vétérinaire, s'avérera un bon compagnon. Les enfants parisiens de mon amoureux viennent passer leurs vacances à Montréal. Je m'occupe de les occuper. Je file le parfait amour avec mon amoureux et en bonus il adore ce que je fais. Il découvre tout un univers avec moi et ça le stimule. Je connaîtrai avec lui enfin la sécurité affective puisqu'il ne cesse de répéter à qui veut l'entendre: «J'ai réglé mon problème affectif, j'ai trouvé la femme de ma vie.» Je suis comblée, dans ma carrière et dans mon cœur.

Après *La Passion selon Louise,* en 1987, j'écris l'album *De bouche à oreille,* paru en 1991 et réalisé par Sylvain Clavette. Laissés à nous-mêmes, peu soutenus par la compagnie de disque, l'album ne marche pas, c'est le silence radio total. Une année creuse. La cinquantaine approche, l'échec de mon dernier album me décourage. Dans mon couple, je commence à fermer les yeux sur l'ennui qui me gagne. Je me trouve défraîchie, je songe à une chirurgie plastique, un *neck lift* puisqu'il vieillit plus rapidement que mon visage. Deux mois avant le lifting, je dois me faire opérer d'urgence pour une torsion d'un ovaire causée par un kyste. Je subis une opération qui m'épuise. Puis ce sera le *neck lift.* Je guéris lentement et je ne fais plus grand-chose. Avec un nouveau cou et un ovaire en moins, la vie sera-t-elle plus légère ?

En 1989, une rumeur circule en ville : Michel Tremblay et André Gagnon terminent l'écriture d'un opéra romantique sur Émile Nelligan. Brassard sera le metteur en scène. Encore une fois, j'utilise la même méthode, c'est plus fort que moi, j'appelle Brassard pour lui suggérer de m'engager comme assistante à la mise en scène. Je veux prendre une nouvelle direction dans le métier, ça sent la poussière dans mon agenda!

« C'est, dit-il, qu'on a pensé à toi pour le rôle d'Émilie Hudon, la mère de Nelligan.

– Oh, oui ? Vraiment ? Wow ! Hein ? C'est vrai ? Ayoye, merci, merci ! Oh, euh, c'est pour quand ?

– Dans quatre mois, me dit André.

– OUI ! »

Après quatre mois de travail avec Brassard et une coach vocale, nous sommes, mes camarades et moi, sur la scène du Théâtre Maisonneuve. La production est superbe, je suis amoureuse de mon personnage et je suis ravie de travailler avec Brassard. Il aura été une inspiration durant toute ma carrière, encore aujourd'hui, malgré sa maladie.

Brassard nous donne beaucoup de liberté. Il ne sécurise pas ses acteurs, pas plus qu'il ne leur impose quoi que ce soit, il faut lui faire des propositions, lui offrir des couleurs pour nos personnages. Il parle beaucoup. De tout et n'importe quoi. Il niaise, rit de ses farces pendant que, fébriles, nous attendons ses directives… qui ne viennent pas. Il installe un climat de liberté à chacune des répétitions, un climat où on peut bafouiller, bredouiller, tout gâcher en étant les seuls responsables de nos décisions. C'est aussi un travail de groupe et j'ai quelquefois la tentation de m'isoler. C'est comme si je voulais garder le personnage pour moi toute seule. Mais Brassard me ramène dans le droit chemin en me disant : « Il faut que tu chantes pour le monde, en ce moment tu chantes pour toi. » Je reçois ça comme une gifle. OK, je me regarde chanter et je me trouve bonne. Il a raison. Jamais Brassard ne nous parle en privé ni ne nous complimente derrière la porte d'une loge. Il est parmi sa production. Il n'appelle pas la flatterie, n'a pas de cour autour de lui.

Ses yeux noirs rieurs et pétillants me touchent. Chaque moment à ses côtés, surtout lorsque je me cherche, égarée entre l'ego et le don, je les apprécie comme un bonbon dur en dehors et mou en dedans. Ce n'est pas un « groupie », il m'avait vu chanter à mes débuts et il m'avait offert toutes ces années des rôles et des rencontres très puissantes, jamais complaisantes. Dans *Nelligan,* j'incarne une Émilie Hudon complexe, amoureuse de son fils, mais terriblement déçue par sa fragilité. Elle s'accroche à lui, elle si seule auprès d'un mari autoritaire et anglophone. L'amour obsessif qu'elle a pour son fils n'arrange rien dans cette famille fragilisée par le manque de communication et par une différence culturelle dont Tremblay fera grand cas dans son livret.

Les grands rôles vont chercher chez l'interprète les grandes émotions. J'avais vécu avec mon frère un épisode très dramatique dans mon adolescence. Il était aussi fragile que Nelligan. Louise et Émilie sont d'inséparables siamoises par le ventre ; je dois cacher Émilie le jour et l'accoucher tous les soirs au théâtre. Cette fusion rouvre mes plaies mal cicatrisées et souille la robe d'Émilie d'un rouge sang. Mérédith Caron, par ses costumes, a tout compris et nous révèle cette faille chez Émilie.

Les mélodies d'André Gagnon ne supportent aucune bavure. André non plus, d'ailleurs. Je me souviens d'une répétition ardue remplie de bonnes et de mauvaises idées. André me dit à la fin de la journée :

« Tu ne vas pas chanter comme ça, hein ?

— Mais je travaille, André, je cherche, tu me déprimes avec tes remarques. »

Je suis très fragile en répétition et lui aussi. Malgré nos affrontements de bons vieux lions, nous nous aimons beaucoup.

Notre humour nous sauve !

André Gagnon a écrit un superbe opéra pas assez souvent chanté. Sa musique soutient très finement tout le climat de l'époque. Pour l'interprète, tout est dans la partition, il faut placer les mélodies sur les cordes vocales et les laisser vibrer grâce au contrôle du souffle. Vous me direz : « Où est l'émotion dans tout ça ? » Eh bien, dans les ovaires ! C'est ce que m'avait répondu une grande prof de chant, Marie Daveluy, que j'avais consultée quelques années auparavant. On appelle ça : chanter avec ses tripes. Un vrai bonheur.

Avec les textes de Tremblay, même chose, même précision dans les intentions et les émotions. Par contre, Tremblay explique la folie de Nelligan par le conflit culturel entre ses parents. Moi, je l'explique par la nature malsaine de l'amour entre le fils et la mère. Ça m'aide à l'incarner, ce n'est pas un conflit intellectuel pour la mère, mais charnel. La production *Nelligan* me redonne le goût du chant. Nous ne le jouerons pas assez souvent, la tournée compte à peu près sept spectacles, un mois en tout avec Montréal, à cause de chicanes de producteurs qui nous laissent tous frustrés de ne pas pouvoir aller plus loin avec un si beau show. Un album double sera enregistré en studio avec la distribution originale. Un autre suivra vingt ans plus tard avec une nouvelle distribution.

En 1991, *back to reality,* y faut que je gagne ma vie. Je concocte un spectacle qui mettra en valeur l'interprète et l'auteure. Me revoilà avec mon petit cahier chez Luc Plamondon (entre-temps, Luc était devenu une véritable star et un grand parolier – avec autant de talent pour les deux métiers). Luc me dit : « Pourquoi ne pas donner toute la place à l'interprète ? » Il prêchait pour sa paroisse, me direz-vous ! En disant ces mots, un *flash* nous éblouit : tous ces personnages que j'ai chantés et tous les autres dont j'ai rêvé pourraient faire un hostie de bon spectacle ! (Est-ce qu'on a vraiment dit ça ? Pas grave.)

Nous voilà dans les bureaux de Spectra Scène en train de vendre l'idée du spectacle à Alain Simard, qui, en bon homme d'affaires, nous dit : « C'est quoi le titre du spectacle ? » Comme un vendeur de chars veut connaître les couleurs des nouveaux modèles de l'année, un bon gérant veut le titre du nouveau spectacle de ses artistes. Nous n'avions pas trouvé le titre, mais, provoqués par Simard, Luc et moi lui décrivons une galerie de personnages, quand soudain Luc se lève et crie: « Vingt personnages en quête d'une chanteuse ! » Il fait bien sûr référence à la pièce de théâtre : *Six personnages en quête d'auteur* de Luigi Pirandello. Simard sourit. Sa culture me surprend, tant mieux, ça ne peut pas me nuire ! L'affaire est dans le sac. Adieu *Nelligan,* vive *Vingt personnages* ! Je plonge dans la conception du spectacle sans attendre Luc, qui avait plusieurs chanteuses à fouetter.

Un seul musicien sur scène avec moi, c'est ce que je veux. Il faut qu'il soit polyvalent et *clean,* c'est-à-dire sobre. David Jobin, programmateur pour le Festival de jazz, me recommande une dizaine de pianistes. Pour que nous soyons à égalité, je choisis de les faire auditionner sur une de mes nouvelles chansons, *Les Adieux d'un sex-symbole* de *Starmania.* Le premier sur ma liste est Jean-François Groulx. Il arrive en bicyclette et arrache au passage le calorifère de l'entrée. C'est dans ce tapage que j'aperçois ce petit jeune homme, rouge comme une tomate, vêtu d'un pantalon de jogging. Une fois dans mon studio, je lui présente la feuille de musique, il ne connaît pas la chanson, car Jean-François est un jazzman. Je lui demande de jouer comme il aime jouer. J'attaque la mélodie en lisant, moi aussi, la partition, et ce que j'entends me plaît tout de suite. Je sais tout de suite que c'est avec ces oreilles et ces doigts-là que je veux monter mon spectacle. Mais... il m'en reste neuf à écouter. Je les reçois en audition, ce qui confirme mon intuition. Jean-François est bien la bibitte que je cherche. Nous avons finalement travaillé ensemble sur plusieurs projets pendant quinze ans.

De mon côté, je construis le spectacle en regroupant les personnages que j'ai ou non interprétés dans mes autres spectacles, par exemple *La Complainte de la serveuse automate* de *Starmania* et Lyla Jasmin *de Demain matin,* mais aussi *Don't Cry for Me Argentina* et *Irma la Douce avec les anges* que je n'ai jamais chantée auparavant. Tous ces personnages se parleront et se répondront hors du contexte dans lequel ils ont été créés. Pour ce faire, j'ai besoin d'un monologue qui sert de lien. C'est ce que je demande à Luc. J'ai aussi besoin d'un monologue de mise en situation, pour mettre le public dans le coup au début du spectacle. Les autres suivront au besoin.

En juin, Luc vient assister au premier enchaînement chez moi. Jean-François et moi travaillons depuis la fin de mars, sa polyvalence lui sert et sa voix s'harmonise très bien avec la mienne. Luc aime notre travail. Il comprend le sens, la sensibilité, l'humour du spectacle. Il voit la pertinence des monologues que je lui demande d'écrire pour faire les liens entre certains personnages, il suggère des changements dans l'ordre des chansons pour solidifier les intentions des personnages, il a envie d'y travailler le plus vite possible, mais il doit partir d'urgence pour Paris. Un malheur terrible le frappe : la mort du compositeur Michel Berger avec qui il a écrit *Starmania, La Légende de Jimmy* et plusieurs chansons. Il est abattu par la perte de son grand ami qui, des années auparavant, l'avait appelé chez lui à Montréal parce qu'il cherchait un auteur américain qui écrivait en français. Berger avait trouvé en Luc un auteur qui n'écrivait comme personne, un nouveau son qui lui donnait un nouveau souffle. Luc avait trouvé, en plus d'un grand compositeur, un ami. La mort de Michel Berger l'affectera profondément.

Je me dois de vous raconter un geste généreux de la part de Luc en ces temps qui étaient difficiles pour lui. La première de *Vingt personnages en quête d'une chanteuse,* en rodage sur « l'île du repos », un centre de vacances au Lac-Saint-Jean, avait lieu fin août. Pendant la répétition de l'après-midi, le propriétaire me dit: « Madame Forestier, téléphone pour vous. » C'est Luc qui, je ne sais comment, a trouvé le numéro du centre dans le boutte du boutte du monde. Il me souhaite « merde » pour ma première journée de tournée et me promet deux nouveaux monologues pour ma première à Montréal en octobre au Café de la Place. Je n'ai jamais oublié. Encore une fois, il m'a donné l'impression, comme à chacune de ses chanteuses, que je suis à ses yeux la meilleure au monde. Dans mon cas, même si je devine son jeu, ça marche !

La première montréalaise a lieu au Café de la Place, fin septembre. Tout le monde est heureux et mon chum est fier de moi.

Nous ferons l'ouverture des Francofolies, qui ont lieu en septembre cette année-là (Luc me livre deux autres monologues deux jours avant la première, c'est un défi, je le relève) et *Vingt personnages en quête d'une chanteuse* ouvre le bal. Habillée par Hélène Barbeau, conseillée par Dominique Viens, styliste que Mouffe m'a présentée, pour les détails qui rehaussent ou qui tuent un look, nous sommes prêts, Jean-François et moi. Luc est fébrile, et moi je meurs un peu ce soir-là. Jean-Louis Foulquier, le grand manitou des Francofolies françaises, est dans la salle.

Le spectacle débute avec *La Duchesse de Langeais* extrait de *Demain matin, Montréal m'attend* de Tremblay et Dompierre, mélodie très exigeante qui était chantée par la célèbre travestie de l'univers de Tremblay. Encore une fois, j'entre par la salle, j'aime ce genre d'entrée, la scène m'appelle, je sais que la femme deviendra chanteuse dans quelques minutes. Quand je serai sur la scène, sur cette scène où un piano à queue, deux tabourets et une guitare m'attendent, sans oublier Jean-François au piano, le plancher deviendra un tapis magique où je devrai m'abandonner et me contrôler à la fois. Le Café de la Place est une toute petite salle, 132 sièges que nous remplirons, Jean-François et moi, tous les soirs pendant un mois.

Je refuse le premier monologue d'ouverture que Luc m'a écrit. Je le trouve trop triste. Il raconte mes difficultés dans le métier, mes malchances, c'est rempli de compassion et d'admiration, mais ça me rend mal à l'aise avant de chanter. Il comprend mes réticences. Il est souple et bon joueur, il me réécrit un monologue percutant, énergique, suivi d'un joli mot que je n'ai pas oublié où il disait entre autres : « Si Madame n'est pas satisfaite de celui-là, je lui rends mon tablier. » Madame a été très satisfaite.

Le show est un triomphe et Jean-Louis Foulquier entre dans ma loge, bouleversé par le spectacle, qu'il veut mettre à sa programmation aux Francos de La Rochelle, et aussi par un événement qui l'a frappé. Il me dit qu'il vient d'assister à un miracle. Dans la salle, un jeune homme en fauteuil roulant a eu besoin d'aide pour s'asseoir dans la première rangée. Je n'ai rien vu de cela, morte de trac derrière le rideau. À la fin de la représentation, un des personnages de *IXE 13*, « La Palma », entre sur scène complètement saoule avec une grosse « Mol » à la main. Puis elle remarque dans la salle un beau jeune homme, elle se dirige vers lui en chantant : « Mais y'é pas laid pantoute, y'é ben bâti pour un Françâs… » Sur ces mots, elle tend les bras au beau jeune homme. Comme il semble un peu timide, elle le soulève doucement pour danser un slow avec lui. Heureusement que ce n'est pas un rock, parce que c'est le jeune handicapé qu'elle a choisi. Il ne s'est pas tenu sur ses jambes depuis des années. Quand Jean-Louis Foulquier me raconte l'épisode après le show, je suis sans voix. J'espère qu'il n'a pas eu mal!

Un soir, les deux propriétaires d'un petit théâtre à Clichy, le Théâtre de Dix Heures, assistent au spectacle et le trouvent, avec raison, parfait pour leur théâtre et pour leur programmation. Les mots «mise en scène de Luc Plamondon» sur l'affiche ne les laissent pas indifférents. Luc est beaucoup plus connu que moi à Paris. Normal. Le spectacle est un succès, pour Jean-François, qu'on découvre, et pour moi. Cette année 1992, je la vivrai avec mes vingt personnages.

En novembre 1993, un an plus tard, je suis donc à Paris avec un spectacle que j'adore, un musicien inspirant et un théâtre qui nous ouvre ses portes. Combinaison gagnante, que je me dis. Pour Paris, je réajuste le *pacing* (l'ordre du spectacle). Le Théâtre de Dix Heures est sur le boulevard Clichy. Boulevard des *peep shows* et du Moulin Rouge. J'ai *Irma la douce* dans ma liste de personnages. C'est elle qui ouvre la porte du théâtre qui donne sur le côté jardin de la salle, pendant que Jean-François, appuyé sur le mur de la scène, beau comme un fantasme de Jean Genet, fait gémir doucement son accordéon pendant le monologue d'entrée.

Luc Plamondon est là, avec tous ceux qu'il a pu alerter, pour assister à la première. Le public français, soyons franc, n'est pas des plus chaleureux ni des plus faciles à embarquer. Il faudra presque un mois pour que le bouche à oreille fasse son effet, mais les critiques (celles-là, je les ai lues, j'aurais peut-être pas dû !) sont excellentes, même celle d'Hélène Lazareff qui dit ceci d'entrée de jeu : « Une tête de guenon sur un corps d'insecte ». J'échappe un : « La tabarnak! » en lisant le début de la critique. Heureusement, la suite est plus sympathique, mais avec raison, je crois, j'ai le sentiment que la seule chose dont on se souviendra sera la première phrase « très imagée » de cette critique.

La salle se remplit de plus en plus. Un jour, je demande au propriétaire s'il envisage une prolongation. J'apprends ce jour-là que la salle a été réservée pour un autre spectacle. Je ne m'en fais pas, puisque je dois partir en tournée à travers la France avec mon spectacle. Un agent parisien travaille sur le dossier depuis un an déjà.

De Montréal, on lui a fait confiance, mais il m'apprend un soir, peu avant Noël, qu'étant donné la conjoncture politique et culturelle en France durant la dernière année, ses démarches n'ont pas abouti. Personne n'a encore eu vent de ces complications chez Spectra. De là à n'avoir plus que cinq spectacles en tournée au lieu des cinquante promis, et sur lesquels l'équilibre du budget de toute l'opération s'appuie, il y a une marge. Je me retrouve donc avec une dette énorme. Durant ces années-là, quand on perdait sur une production, on perdait beaucoup (et quand on gagnait, on gagnait aussi beaucoup). Comment prouver que le travail n'avait pas été fait de ce côté de l'Atlantique ? Comme mon producteur est aussi mon gérant, je suis « faite à l'os ».

C'est la deuxième « tragédie » (là où l'impondérable intervient) de ma carrière en France. Défaite, j'imagine une malédiction, des complots, je ne comprends pas. Je sais que j'ai fait mon travail. Je suis revenue à Montréal avec l'intention de ne plus rien espérer du show-business français.

J'ai cinquante-deux ans, de grosses dettes… et le pire est à venir.

LE DIABLE AVAIT SES YEUX

Je l'ai cherché dans les bras des autres femmes
Je l'ai trouvé dans les bras d'une héroïne
J'ai fait son lit encore chaud d'une autre femme
Et j'ai souri pour éviter bien des drames
J'lui ai permis de m'empêcher de dormir
J'lui ai donné le pouvoir de me trahir

Je m'entêtais à le vouloir autrement
Je me disais il est si beau en dedans
J'ai excusé ses relents d'adolescence
Sous l'oreiller j'ai caché ma complaisance
J'ai acheté son amour sans la tendresse
Et j'ai vendu mon cul à ses caresses

REFRAIN
Et pendant ce temps je croyais au Bon Dieu
Mais je savais que le diable avait ses yeux

Je n'avais rien à faire avec lui
Et quand il m'ouvrait les bras
Il m'ouvrait les veines à chaque fois

Je l'ai senti comme lorsqu'on sent le danger
Un soir sans lune quand quelqu'un va nous croiser
Je l'ai suivi dans des ruelles obscures
Pour voir jusqu'où allait ma démesure
J'lui ai servi d'appât et de femme à tout faire
Et j'ai hurlé son nom aux portes de l'enfer

REFRAIN
Et pendant ce temps je croyais au Bon Dieu
Mais je savais que le diable avait ses yeux

Je l'ai aimé comme on désire la mort
Comme la victime aime son bourreau
Juste avant d'offrir son cou au couteau
Je l'ai aimé comme s'il était trop tard
Comme si c'était pour la dernière fois
Comme s'il n'y avait plus personne après TOI !

REFRAIN
Et pendant ce temps je croyais au Bon Dieu
Mais je savais que le diable avait ses yeux
Le diable avait ses yeux
Le diable avait ses yeux

QUATORZIÈME TIROIR

Miettes et recollages

JE RENTRE À MONTRÉAL EN 1993, désargentée, désenchantée et délaissée par l'homme que j'aime. Pendant l'automne, je le sentais se refroidir avec moi. Même à la première parisienne, il n'était pas chaleureux. Mais je ne voulais pas gâcher mon plaisir et, de toute façon, il évitait toute discussion ayant rapport à notre histoire.

La boule d'angoisse de ma jeunesse revient peu à peu m'habiter. Elle me dévore, elle m'écorche et elle me terrasse le jour où, au téléphone, il me dit que je n'ai pas besoin de me presser pour revenir, il est très bien tout seul. C'est ainsi que se fait cette rupture cruellement unilatérale. C'est le punch de la trilogie dramatique : Amour = *out* ! Argent = perdu ! Travail = chômage ! Ah ! j'oubliais ! La ménopause en bonus ! Est-ce que ça valait la peine de quitter celui que j'aimais pour aller faire tourner des chansons sur mon nez ? Je crois aujourd'hui que mon départ ne fut qu'un déclencheur. Le fusil était armé depuis longtemps.

J'ai aimé, j'y ai cru, j'ai perdu. Trois ans plus tard, pour l'album *Forestier chante Louise,* voici comment je résume une peine d'amour qui m'avait laissée en mille miettes.

LE REPOS

Mon cœur s'est trop battu
Il a trop dit je t'aime
Il s'est battu lui-même
Mon cœur est abattu.
Mon cœur est au repos
Dans les bras du silence
Il ne dit plus un mot
Il est sans connaissance.
Il ne faut pas
Surtout pas
Déranger le repos
D'un cœur déchiré
En mille morceaux.
Je le vois dans son lit
Qui fait des soubresauts
Il doit rêver la nuit
À de gros animaux.
Il se bat contre qui ?

Dans sa retraite obscure ?
Il se bat contre lui
Pour briser son armure.
Puis un beau matin
Au petit déjeuner
Il sera mort de faim
Il sera reposé.

Je me suis épuisée en voulant sauver cet amour. Les tentatives les plus pathétiques, je les ai essayées. J'avais le pressentiment que je vivrais seule très longtemps, ça m'a terrorisée. Je voyais juste : je le suis encore, seule, et je n'en souffre plus. Avant d'en arriver à cette sérénité, il y a eu une traversée du désert. Avec le recul, je peux dire que c'est tout un privilège, une traversée du désert, ça se mérite !

Il faut vivre, j'ai un fils, je me bats, je vends mon piano à queue pour m'acheter un lit, un poêle, un frigidaire, une table et des chaises. M. André Rouleau, notaire et homme d'affaires, qui n'a pas besoin que je lui fasse un dessin pour comprendre dans quelle merde je suis, me loue l'appartement modèle dans un immeuble de condos où habite une amie compatissante. Je promets à M. Rouleau de déguerpir quand les clients viendront visiter. Juste avant de me donner les clefs de l'appart, il me dit : « Madame Forestier, faites attention en entrant dans la chambre, ne vous précipitez pas sur le lit, il n'y a pas de matelas, juste une base en bois avec un couvre-lit dessus. » En entrant dans la chambre, un grand miroir me nargue au-dessus du lit. Je suis exsangue, la fin de cet amour vampirique, parce que fusionnel, m'a allongée dans le ruisseau des sinistrés.

Ce vampire m'était apparu sept ans auparavant dans le miroir du vestibule chez une amie. En me recoiffant, j'avais vu entrer dans le cadre ce visage long aux yeux de braise, j'étais en feu, immédiatement cuite. Le bilan est cruel. Cette fois, il n'y a personne dans le miroir. Seulement un flou, un brouillard, la peur me consument, je ne me retrouve plus, ma vie part en fumée. J'ai cinquante-trois ans. Je suis en dépression majeure. Nouvelle thérapie : quatre ans.

Ma thérapeute est mon auditrice attentive et patiente. Voilà que j'appelle ma psy « patiente » ! Imperturbable, elle écoutera, pendant un an, la mise à mort, la mise en morceaux de mon ex jusqu'au jour où je lui dirai: « Bon, assez parlé de lui, il faut que je parle de moi. » C'est difficile de parler de soi, je me trouve carrément plate et tarte. J'ai ignoré les feux rouges plus d'une fois au début de la relation. De l'apitoiement à l'acceptation de qui je suis, je me suis détestée, puis pardonnée. Quand je me suis sentie libre à nouveau, j'ai su que l'exercice était réussi. J'ai accepté l'abandon total que demande une thérapie. Je « comprenais tout », comme on se dit au début de la thérapie. Comprendre n'est rien, il faut ressentir, re-ressentir devrais-je dire, et c'est dans ces moments-là que le rejet d'une expérience semblable, à ne plus revivre, s'installe dans le creuset des émotions. Il y aura toujours une attirance vers les vieux modèles, mais il y aura désormais un garde-fou pour ne pas s'y jeter. Accepter mes limites… hum !

Quatre ans de thérapie pour me reprendre en main. Pour découvrir que ce que l'on ne m'a jamais donné, je ne pourrai pas l'exiger de quelqu'un d'autre. Ce qui n'a pas été ne sera pas, mais ce que je pourrai dorénavant sera. Certains soirs, en regardant le plafond de ma chambre que je prends pour le bon Dieu, je lui dis : « Là, il me semble que j'ai compris. Pourriez-vous m'envoyer un exemplaire masculin (genre un homme), ainsi je pourrais mettre en pratique ma nouvelle sagesse amoureuse ? » Je crois qu'il était sur un autre appel cette nuit-là.

On dit qu'une vie sans amour est une vie ratée. Je ne pense pas ça. Je ne peux pas croire ça. Je dirais qu'une vie sans s'aimer est une vie ratée. J'ai cru aimer, je ne le pouvais pas. C'est avec mon fils que j'arriverai à ressentir l'amour, non pas comme un *kick,* mais comme une réalité joyeusement consentie.

Après la peine d'amour, je retourne vivre à Outremont. Une vie monacale disciplinée faite de séances de gym, de solitude et peu à peu de rencontres avec de nouveaux amis. Je reviens à la réalité, car cette relation fusionnelle m'avait tenue loin des miens, de mes amis. Pendant ce temps de récupération, je revois peu à peu mon fils en dehors des moments de trop grande déprime. Je crains la contagion. La dépression, je l'avais attrapée de ma mère. Je protège Alexis.

En 1995, la vie (puisqu'elle recommence à frétiller dans mes veines) m'offre un grand bol d'air frais : une tournée pancanadienne avec un arrêt dans les Territoires du Nord-Ouest. Ma visite à la baie James m'avait laissée sur ma faim. Je veux retourner dans le Nord. Grâce à *Coup de cœur francophone,* j'irai à Whitehorse où je rencontrerai de nombreux Québécois et Américains qui ont rompu avec le style de vie du Sud. Un jour, je suis invitée à souper par des Québécois qui vivent leurs rêves d'air pur, de chasse et de pêche dans un des plus beaux paysages au monde. Je déguste la viande la plus tendre au monde : du mouflon. On mange sur la terrasse, la bête cuite sur le barbecue sent bon et le ciel de cette nuit de décembre est blanc d'étoiles.

Le Nord canadien, c'est Glenn Gould qui en parlait si bien à la CBC quand j'étais adolescente, c'est l'hiver sévère dans ses ténèbres, c'est les liens entre les bêtes et les hommes, c'est la symphonie des glaces qui éclatent et qui se fracassent dans la mer des solitudes.

J'explique à mes diffuseurs merveilleux que j'aimerais bien voir l'Alaska : « J'ai trois jours de congé, est-ce possible ? » Le seul moyen, c'est l'auto. Deux jeunes hippies revenant des années soixante-dix voyagent en Volkswagen Westfalia. Ils nous proposent de nous conduire jusqu'à Skagway, un village au bord du Pacifique entre les fjords, là où les chercheurs d'or débarquaient pour ensuite marcher la piste Chilkoot. Le poste frontière, entre le Canada et les É.-U., vaut à lui seul le voyage. Dans un décor lunaire où plus un arbre ne pousse, apparaît une cabine, non, je devrais dire un vaisseau spatial. Mes jeunes amis ont fumé du pot dans la fourgonnette. J'ai l'impression que ça sent la « bourrure de Bogey » jusqu'à Montréal. Je suggère une aération du véhicule en expliquant un certain danger, sinon un danger certain, s'il advenait que la boucane se rende aux narines du douanier. Je n'ai plus tellement envie de traverser la frontière. Les jeunes ne semblent pas comprendre mon appréhension, mais, relax et gelés, ils acceptent d'aérer la van. La jeune fille a de l'encens. « Let's go for l'encens », je dis. Je me trouve peureuse et j'accepte finalement de risquer le voyage.

Le poste de douane super design est occupé par une femme seule. J'imagine sa solitude. Pendant qu'elle soumet nos passeports à mille rayons, loupes (il me semble), taponnage de claviers qui s'éternisent, moi, la parano, je paranouille au max. Je suis soudain consciente que je voyage avec deux marginaux dont je ne sais rien sinon qu'ils sont amoureux et qu'ils attendent un bébé. Le temps s'étire, le vent rugit, le jour se tanne d'être là et moi aussi. Par la fenêtre, je ne vois que des pics noirs que traversent des nuages dramatiquement gris. Enfin, nous passons la frontière sous le regard nuageux de la douanière.

Une heure plus tard, nous arrivons à Skagway Bay, enfoncée entre deux montagnes suicidaires qui se précipitent dans l'océan. Nous marchons sur une plage de roches, pas un bruit, pas un touriste ce jour-là. Les parois rocheuses sont des tableaux noirs où les initiales des amoureux témoignent de leurs venues à Skagway. C'est très étrange de voir ces graffiti sur le tranchant d'une montagne si ingrate. Comment ont-ils pu aller laisser leurs marques, c'est tellement à pic ? Combien de ces couples sont encore ensemble ? La chanson de Rivard me revient en tête : « Ça vaut pas la peine de laisser ceux qu'on aime… »

À ce moment-là, je me dis : s'il y a un phoque dans la baie, je meurs ! Il y en a un ! Une seule petite tête venue me prouver que les miracles ont des têtes de phoque. J'entonne le refrain pour mon phoque, je ramasse quelques cailloux pour ma collection et, ravie, je remonte dans la Westfalia pour faire le chemin de retour. Trois jours plus tard, dans l'avion qui me ramène vers Montréal, j'imagine la gueule de mes amis en écoutant mon récit du phoque en Alaska.

Un soir d'hiver en 1996, le téléphone sonne chez moi. C'est mon frère Christian qui revient d'une visite chez notre père à Québec. Ce jour-là, mon père avait accompagné mon frère à la gare. Ils se sont salués sur le quai, puis mon frère est monté dans le wagon. Le train ne partant pas, mon frère décide de descendre sur le quai pour demander aux cheminots ce qui se passe. Là, il voit une scène qui lui arrache le cœur : son vieux père tremblant de chagrin assis sur un banc. Il pleure doucement, tout seul, comme un chien. Je promets à Christian de le ramener vivre à Montréal.

Je ne peux pas vivre avec cette image : le voir sangloter pour la deuxième fois de ma vie. La première fois, j'étais adolescente dans la maison familiale. J'ai entendu les sanglots de mon père, des sanglots sans retenue aucune, à m'arracher les tripes, je me suis sentie seule au monde, aussi seule que mon père qui pleurait dans la cuisine sans que je puisse le consoler. Et ma mère, immobile, qui ne trouve rien d'autre à me dire que : « Dépêche-toi, tu vas manquer ton autobus. »

Trente-cinq ans plus tard, j'ai enfin l'occasion de le consoler. À vingt ans, je n'avais pas eu cette force-là.

Je me rends à Québec, des amis proches me font comprendre qu'il est temps pour lui de retourner auprès de ses enfants à Montréal. Ils ont raison, mais j'ai tellement peur qu'il m'envahisse à nouveau… Je lui dis que sa famille le réclame à Montréal. Il n'essaie pas de me convaincre du contraire, il s'imagine qu'il va vivre avec moi, je ne le contredis pas, mais je cherche et je trouve une résidence au bord de la rivière des Prairies, pas loin du quartier de son enfance.

Pendant sept ans, de la perte d'autonomie à la démence, je vivrai auprès de lui sa « dernière enfance ».

Un jour où j'étais allée le voir, il marchait à mes côtés en sautillant comme un bambin sans tenir la rampe du corridor. Je lui dis : « Papa, t'as l'air d'un ti-cul de cinq ans… » Avec un *timing* parfait, il me répond : « Oui, pis j'ai assez hâte d'avoir six ans ! » Il avait quatre-vingt-dix ans !

Dans sa nouvelle vie, de grands professionnels vont l'aider et le soutenir. Comme il est facilement violent dans ses paroles et quelquefois dans ses actes, je suis vigilante, jusqu'au jour où, lors d'une visite chez lui, en faisant son lit, je découvre une hache sous son oreiller. Malaise, fou rire nerveux, chagrin de voir qu'il s'enfonce peu à peu dans la démence. Je prends la hache avec moi, camouflée de peine et de misère sous mon manteau. Dans l'ascenseur, j'imagine la hache qui glisse le long de ma jambe sous le regard terrifié du personnel et des pensionnaires. Je jetterai la hache au plus vite dans une poubelle. Il ne remarquera pas son absence sous son oreiller. J'avais remplacé la hache par un morceau de chocolat…

Mon chagrin me quitte ou je quitte mon chagrin, ça dépend des jours. Prendre soin de mon père et rechanter me fait du bien. Je suis en train de devenir une spécialiste du recollage de morceaux. J'écris sur ma rupture, sur la rupture, sur les ruptures, à cause d'une rupture. C'est de quoi est composé mon album *Forestier chante Louise*. J'aurais bien voulu écrire sur autre chose, mais il me faut la chanter, ma rupture. J'aurais aimé *Rupture* comme titre, mais on me dit : « T'es folle ! Ça ne se vendra jamais ! »

Comme il a fait peur, cet album ! La promo est difficile, parler de la rupture sans mentionner le mot, vendre un chagrin d'amour… Pas évident. Un jour, j'ai dit à la radio : « Une peine d'amour peut tuer autant qu'un cancer. » Je le crois encore aujourd'hui. Mais les réactions suscitées par ce commentaire furent acides. Une dépression, dans l'esprit de plusieurs, c'est niaiseux ; un cancer, c'est noble.

Pour changer un peu les couleurs sombres de l'album, je demande des textes à trois auteurs que j'aime: Mouffe, qui m'écrit un très beau texte: *Désespérée mais gaie,* belle épitaphe, Plamondon, une chanson sur la rupture, et Vigneault, *La Peur d'aimer,* en plein dans le mille. J'écris : *Motel Desert Inn, Chaque amour a son heure, Le Repos* et plusieurs autres. Je mets toutes mes énergies à me rapiécer avec l'écriture de mes nouvelles chansons. C'est une renaissance, une deuxième chance pour vivre autrement.

Daniel Lavoie, qui a réalisé l'album, et Jean-François Groulx, qui joue du piano et de la guitare, m'offriront pour cet album des musiques extraordinaires. Je partirai en tournée avec Jean-François, mon accompagnateur depuis 1991. Nous donnerons une vingtaine de spectacles, mes tournées sont de plus en plus brèves, ma notoriété pâlit. C'est le début de la fin de la course.

L'année du verglas, en 1998, je joue au Théâtre du Rideau Vert *Le Pays dans la gorge* de Simon Fortin sous la direction d'Olivier Reichenbach. J'incarne Cornélia, la sœur d'Emma Albani, la grande cantatrice canadienne de la fin du dix-neuvième siècle et du début du vingtième siècle, qui deviendra une intime de la reine Victoria incarnée par Janine Sutto. J'accompagne au piano ma sœur cantatrice. Je suis sa répétitrice et sa victime. Un rôle difficile. J'apprends une centaine de pages de texte, avec une jeune répétitrice, ma mémoire est aussi fragile que moi. Je n'ai pas soutenu de premier rôle au théâtre depuis des années. C'est un défi d'autant plus terrible que nous répétons souvent dans le noir à cause du verglas. Je dois tenir le coup. Un camarade comédien généreux et sensible, Michel Laperrière, m'encourage entre deux pannes d'électricité. Le soir de la générale, on interrompra la représentation. Pas de courant, le public repart.

Le lendemain, accroupie en coulisse, j'ai le trac, je meurs un peu. Sans un seul trou de mémoire, je jouerai pendant un mois, prête à continuer ma vie d'actrice. Je n'ai pas lu les critiques. Pas encore. Je devrai attendre jusqu'en 2005 pour retrouver un rôle, ce sera celui d'Irma dans *Le Négociateur* scénarisé par Danielle Dansereau. Un rôle jouissif où, transformée par cinq prothèses (dents, seins, perruque, ongles, faux cils), je me sentirai plus vraie que nature sous la direction très vigoureuse de Sylvain Archambault.

De serveuses à *waitress*, de *waitress* à prostituées, de prostituées à mère (de Nelligan), toutes ces femmes en mille miettes, je les accoucherai recollées. De Bellehumeur à Forestier, toutes ces femmes en mille miettes en moi, je les chanterai avec « elles comme dans Louise ».

LA SAISIE

Ne touchez pas à mon piano
C'est tout ce que j'ai
À me mettre sur le dos

Ne touchez pas à mon piano
Car c'est ma voix
Car c'est ma peau

Prenez tout ce qu'il vous faut
Le reste est de trop
Mais ne touchez pas à mon piano

Ne touchez pas à mes amours
C'est tout ce que j'ai
C'est mon aller-retour
Ne touchez pas à mes amours
Car c'est ma nuit
Car c'est mes jours

Prenez tout et pour toujours
Le reste est dans la cour
Mais ne touchez pas à mes amours

Ne touchez pas à mes trente ans
C'est tout ce que j'ai
À me mettre sous la dent

Ne touchez pas à mes trente ans
Car c'est ma vie
Car c'est mon vent

Prenez tout au plus sacrant
Le reste est en dedans
Mais ne touchez pas à mes trente ans

Ne touchez pas à ma folie

C'est tout ce que j'ai
C'est ma Californie
Ne touchez pas à ma folie
Car c'est mon nom
Car c'est mon cri

Prenez tout je vous en prie
Le reste est gratuit
Mais ne touchez pas à ma folie

Ne touchez pas à mon humour
C'est tout ce que j'ai pour alléger mes jours
Ne touchez pas à mon humour
C'est mon venin c'est mon velours

Prenez tout et pour toujours
Le reste est dans la cour
Mais ne touchez pas à mon humour

Ne touchez pas à mes sixties
C'est tout ce que j'ai
Qui rime avec Louise
Ne touchez pas à mes sixties
C'est mon passé, c'est ma remise

Prenez tout quoi qu'on en dise
Le reste est une surprise
Mais ne touchez pas à mes sixties

PAROLES : LOUISE FORESTIER
MUSIQUE : FRANÇOIS DOMPIERRE

QUINZIÈME TIROIR

La transmission

QUAND J'AI VU LA MER À PETITE-VALLÉE, j'avais l'impression d'être arrivée sur une autre planète. Le traumatisme vécu par tous les habitants de Montréal et de ses environs durant la crise du verglas en 1998 nous avait laissé des images de fin du monde, et voilà qu'au pied de la terrasse de mon chalet au bord du golfe, je contemplais des sternes bercées par les vagues avec en musique de fond une chorale d'enfants répétant mes chansons en prévision du grand spectacle dans l'église de Cloridorme.

Tout l'hiver, ces écoliers ont fait connaissance avec mon répertoire et il en sera ainsi chaque année avec le répertoire des parrains et marraines invités. C'est aussi ça, le Festival en chanson de Petite-Vallée : initier les enfants dès le début de leurs études à chanter les chansons de leurs artistes québécois. Le concert des jeunes est émouvant, *Le Cantic du Titanic* en est l'apothéose. Le lendemain, j'assiste aux ateliers, je prends un verre avec les jeunes, j'écoute Denise LeBreux, aubergiste au cœur d'or et cofondatrice du Festival en chanson de Petite-Vallée, me raconter la Gaspésie des années quarante et cinquante, et je pleure à l'idée de revenir dans ma région sinistrée. Une autre belle surprise m'attend.

Alan Côté, le directeur du Festival, me propose un poste de formatrice ou coach (surtout pas de vie) pour l'année suivante. J'accepte et, pendant les dix années suivantes, je verrai, sur le terrain en face de la salle à manger de l'auberge donnant directement sur la mer, la corde à linge carrée : quatre poteaux reliés par une corde où les draps, nappes et serviettes sèchent au vent de la mer. Cette corde à linge est à l'image de ce qui se passe avec les jeunes qui participent au Festival de Petite-Vallée. C'est un grand coup de vent dans leurs perceptions du travail de l'artiste. C'est une bourrasque qui soit les éloigne à tout jamais de ce métier, soit les encourage à s'y accrocher.

Je développe, à l'intérieur de la formule concise d'un concours, une spécialité d'urgentiste. Je m'arrange pour que la ou le concurrent arrive debout, conscient, et à peu près heureuse ou heureux de chanter, pas seulement pour gagner, car comme je leur dis toujours : « Vous n'avez qu'à changer un seul membre du jury pour que le résultat change. Y'a pas de quoi s'enfler la tête si vous gagnez, pas de quoi la perdre, si vous perdez ! »

Évidemment, certains se distinguent par leur talent dès le départ, d'autres s'épanouissent sous nos yeux durant le Festival et se referment aussitôt repartis. Des liens se tissent entre interprètes et auteurs-compositeurs, des chansons s'écrivent au bord de la mer dans le délire éthylique de certaines fins de soirée. Je ne vais jamais au bar avec les jeunes. Je suis trop fatiguée après mes journées de travail et j'aime bien garder une distance avec eux pour ne pas laisser la séduction, de part et d'autre, faire son petit show *cheap*.

Mon travail me demande une concentration sans faille. Je ne veux pas avoir l'opinion des jurys de présélection, je ne veux rien savoir de l'origine des concurrents. Je n'écoute pas les cassettes qu'on m'envoie à la maison. Dès la première rencontre, j'écoute les quatre chansons qu'ils ou qu'elles ont choisies et, en quarante-cinq minutes, je les aide à choisir les trois chansons pour le concours et l'ordre dans lequel ils les chanteront, de même qu'à préparer leurs présentations. Ils doivent chanter devant moi sans micro, avec leur guitare ou avec une pianiste accompagnatrice. Tout cela, à neuf heures du matin après avoir réchauffé leur voix avec Marie-Claire Séguin dans la classe d'à côté. Marie-Claire, merveilleuse prof de voix, est à l'opposé de moi. Nous formons une équipe efficace. En écoutant les jeunes, je m'attache à leur force, je ne prétends pas redresser certains tics en huit jours... J'y vais à l'instinct et je me fais confiance. Ces jeunes doivent sortir de cette rencontre motivés, provoqués et bousculés.

Sur scène, la grande difficulté pour eux consiste à passer d'une chanson à l'autre en trouvant les bons mots tout en mettant le public dans l'émotion de la chanson. Je demande qu'ils préparent soigneusement ces présentations. Certains résistent jusqu'à la générale. Je connais cette sensation, ils se sentent nus sans musique. J'ai vécu la même peur comme jeune chanteuse. L'École nationale ne m'avait pas préparée à être moi-même sur scène. Je jouais quelqu'un d'autre. Or un chanteur se doit d'être lui-même ; dans la vie, c'est déjà très difficile, alors imaginez à vingt-deux ans sur une scène.

Pour cacher leurs malaises, ils me disent : « C'est mon personnage. » Je réponds : « Un chanteur, c'est une personne, un acteur c'est un personnage. »

Souvent, ils ne comprennent pas immédiatement ce genre de réflexion, ils comprendront plus tard. On ne soupçonne pas le pouvoir qu'une simple remarque peut avoir chez certains... Mais je n'encourage pas ces discussions, je leur demande d'y réfléchir et de m'en parler si le cœur y est. La plupart du temps, ils n'en reparlent pas.

En dix ans, quelques-uns m'ont impressionnée, dont un qui ne s'est même pas rendu aux demi-finales. Ce n'est que mon opinion, mais un talent qui sort de l'ordinaire se remarque très rapidement. Je peux voir d'avance leur cheminement. Enseigner, c'est plisser les yeux pour mieux discerner l'âme de la personne et ouvrir ses oreilles pour lire dans la voix des artistes. C'est comme un capitaine qui surveille le large pour ne pas faire échouer son bateau (je sais que Gilles Vigneault est meilleur que moi dans la métaphore maritime, mais c'est plus fort que moi, au bord de la mer ça me fait toujours le même effet). Voilà pourquoi je pense que cet emplacement est exceptionnellement situé pour le séjour des coachs et des participants. Les forces telluriques sont au rendez-vous, elles nous influencent malgré nous. Enseigner à Petite-Vallée, c'est composer avec ces forces-là.

En 1999, je reçois un appel du Rideau Vert. On m'offre de faire la mise en scène d'un « spectacle cadeau »

pour célébrer l'arrivée du vingt et unième siècle, *Avec le temps, 100 ans de chansons,* avec Bruno Roy comme consultant. J'accepte, mais à condition de ne pas y chanter. Peine perdue, on réussit à me convaincre (ça n'a pas fait mal !). J'ai dix mois pour faire la recherche et la conception. Pendant ce temps, je rencontre un homme extraordinaire que j'apprends à connaître : Bruno Roy, qui est décédé il y a peu de temps.

Je fais, avec l'aide de Monique Giroux, un montage de toutes les chansons que j'avais choisies de 1900 à 2000. Puis avec mon musicien arrangeur du spectacle, Jean-François Groulx, j'auditionne des comédiens et comédiennes. Comme c'est au Théâtre du Rideau Vert, j'ai envie de travailler avec eux. C'est leur lieu de travail, après tout. Je considère qu'un théâtre se doit de fêter avec ceux et celles qui y travaillent à longueur d'année.

Je bâtis une famille de vingt-deux à soixante-treize ans, le doyen étant Gabriel Gascon et la plus jeune Kathleen Fortin, pour chanter le vingtième siècle en quarante chansons. Y passent les deux grandes guerres et la vie d'un peuple francophone amoureux, heureux, malheureux, frustré, drôle et tendre, méchant, peureux, courageux. La distribution est impeccable. Ils travaillent dans la joie du chant. On fait une famille presque fonctionnelle. Le spectacle est un triomphe, à tel point qu'on nous demande de récidiver l'année suivante. Le public tombe amoureux de Kathleen Fortin en entendant son interprétation de *La Manikoutai.* Une immense interprétation où la comédienne et la chanteuse sont en parfaite symbiose. Mémorable !

Je me sens à l'aise dans ce nouveau rôle de metteure en scène. Eh oui, encore du nouveau dans le registre de l'expérience. La distribution des chansons est d'une grande importance, bien sûr. Par exemple, j'ai eu l'idée de demander à Gabriel Gascon de chanter *Les fourmis* de Jean Leloup. Le public craque pour Gabriel, surpris par son étonnante interprétation. Cher Gabriel ! Soixante-treize ans et un sens de l'humour si pointu. Il a relevé le défi des *Fourmis* en imaginant un caporal nazi s'adressant aux simples soldats qu'il prenait pour des fourmis. Voici une anecdote qui décrit si bien le gamin en lui : au Rideau Vert, il y a un escalier très à pic pour monter des loges aux coulisses. Un jour, une belle actrice monte l'escalier devant Gabriel, il fait mine de prendre les deux fesses de sa jeune camarade en disant d'un ton de monseigneur : « Merci, mon Dieu ! »

Tiens, pendant que j'y suis, voici une autre anecdote superbe. La troupe a le spectacle dans la voix et le corps. Un soir, un vent de folie m'inspire un mauvais coup. Dans le spectacle, il y a des chansons des années soixante-dix, dont celle de Moustaki *Il y avait un jardin*. J'ai, avec la complicité de Stéphane Brulotte, organisé le passage d'un nuvite pendant la chanson. À cette époque, il n'était pas rare qu'un nuvite monte sur scène pour le seul plaisir de s'exhiber. Stéphane n'a pour costume qu'une fleur à la bouche. L'air de rien, lentement, il traverse la scène pendant la chanson super écolo et *flower power* de Moustaki. La troupe, plus ou moins allongée dans le style stone dans les marches de l'escalier menant de la scène à la salle, est prise d'un fou rire que le public attrape comme une maladie contagieuse. C'est le délire et le spectacle s'arrête. Le public hurle de rire et voilà que Stéphane traverse de nouveau la scène pour faire durer le plaisir. Moment de grâce, on est comme des enfants dans la salle et sur la scène. *The show must go on,* les acteurs ont été impressionnants et le spectacle s'est déroulé sagement jusqu'à la fin.

Dans le même esprit, la représentation se termine avec *Petit papa Noël.* Nous sommes debout dans le fameux escalier comme des enfants de chœur. Comble de joliesse, une petite neige tombe. Un jour, le public rit beaucoup, mais je ne sais pas pourquoi, je me retourne vers la gang pour comprendre ce qui se passe et je comprends que, derrière moi, presque tous les soirs, il y a un scénario qui se déroule à mon insu : des grimaces, des singeries de bébé lala, comme une scène dans la scène. Brulotte (le nuvite), le plus fou du groupe, est rouge comme une tomate.

Quel plaisir ! J'ai trouvé dans la famille des acteurs, des gens qui se « lâchent lousse » ! Évidemment, ils ne sont pas seuls sur scène comme les stars, avec le poids du monde sur le dos, les acteurs, eux, ont le poids du spectacle sur les épaules. Ça me fait du bien de faire partie d'une troupe une fois de temps en temps. Avoir du plaisir sur scène c'est bien, mais sentir que le public en a autant que vous, c'est réconfortant. Le succès a été au rendez-vous deux années de suite. Pour ce qui est des autres rendez-vous, il y en a un très éprouvant qui nous attend, Alexis et moi : la mort de son père.

SEIZIÈME TIROIR

Pour voyager léger

EN 2000, VOYANT LE PRIX DES LOYERS AUGMENTER À TOUTE VITESSE, avec une nouvelle comptable à l'appui et les sous des droits d'auteur de la chanson *Jamais assez loin* (écrite en collaboration avec Zachary Richard et interprétée par Isabelle Boulay), j'achète un condo. C'est la première fois que je suis propriétaire ! Pendant des années, j'ai trouvé des prétextes fallacieux pour ne pas acheter : comme celui de ne pas vouloir acheter toute seule, j'attendais l'amoureux. À soixante ans, j'ai compris : c'est maintenant ou jamais.

J'ignorais jusqu'alors le sentiment de sécurité que m'apporterait l'achat de ce condo. J'achète un loft sur plan, dans une ancienne manufacture de chaussures à Hochelaga-Maisonneuve. La vue est superbe et le Jardin botanique tout près.

Ainsi débute une décennie harmonieuse et la rencontre avec une nouvelle gérante, ma « Sophi à moé », comme dans *Lindberg*. C'est ainsi que je l'ai apostrophée à notre première rencontre. C'est une jeune femme douée pour le bonheur, je suis sa seule chanteuse, la chanceuse ! Sa « sénior », comme elle m'appelle affectueusement. Sa présence me réconforte et, cadeau de la vie, j'aime beaucoup ses deux enfants. Sa fille, qui a perdu sa vraie grand-mère, m'a demandé un jour si je pouvais être sa nouvelle grand-maman. J'ai dit oui avec plaisir !

Peu à peu, je me déleste de l'inutile et je m'accroche à l'essentiel: aux amitiés, anciennes et nouvelles. Avec Sophi, ma gérante, on respecte les plages de créativité, on repousse autant que faire se peut le stress, et je me remets en forme physique. Je suis bien entourée et les morceaux du puzzle de quarante ans de métier se mettent en place pour laisser apparaître une partition musicale sur une vie qui ressemble à la mienne...

En septembre 2000, le père d'Alexis meurt. Je l'avais revu une semaine avant son entrée à l'hôpital pour une intervention mineure. Je l'avais trouvé très anxieux (c'était un éternel anxieux), mais je ne m'attendais pas à son décès dans la semaine suivante. Alexis s'était déplacé de L.A. à Montréal pour se rendre à son chevet après l'opération. Une fois rassuré, il était reparti vers L.A. pour terminer la réalisation d'un album.

Jean-V. mourra deux jours après le retour d'Alexis à L.A. J'apprends la nouvelle par la radio de Radio-Canada et je dois annoncer à Alexis la mort de son père par téléphone. Je voudrais le prendre dans mes bras, j'entends ses sanglots, je suis impuissante, il est inconsolable, et je suis dévastée par son chagrin et par la tristesse d'avoir perdu l'homme le plus important de ma vie. Alexis demande de voir son père avant l'incinération. Dès sa descente d'avion, nous allons lui faire nos adieux, en compagnie de sa femme, Hélène, qui est en quelque sorte la deuxième mère d'Alexis. Puis nous le laissons seul avec son père dans la chambre funéraire. En sortant, j'emprunte un sentier qui me mène vers le jardin et j'entends les sanglots d'Alexis au fond du jardin où je me suis réfugiée. Il fait beau, trop beau. Il me semble que le monde devrait s'arrêter de tourner et cesser de nous seriner son sempiternel « la vie continue, courage ». Je ne pleure pas ; la peine de mon fils me fait très mal, et je ne trouve pas les mots pour bercer la profondeur de son chagrin. Alors je me tais.

Les funérailles à l'église Saint-Germain d'Outremont sont impressionnantes. L'église est bondée de journalistes et d'amis, sa grande famille professionnelle est là. Sa famille personnelle, discrète comme toujours, est également là. Avec Charlot Barbeau au piano, j'offre à Jean-V. sa chanson préférée : *Pauvre Rutebeuf*, tirés des poèmes Rutebeuf, dont Ferré a chanté le poème.

Après la cérémonie, nous restons de longues minutes sur le parvis de l'église. Nous saluons les amis et les collègues de Jean V. D'un groupe à l'autre, j'entends des bribes d'histoires de voyages en reportages, des chapitres sur l'histoire du Québec et du Canada et de partout où il a travaillé. Quelques-uns pleurent, d'autres sourient en se souvenant des colères, des indignations et des joies de leur camarade. Je peux témoigner qu'après avoir pris sa retraite il n'a jamais retrouvé le sourire : le journalisme manquait à l'homme, terriblement. Et l'homme me manque. L'écrivain aussi, il écrivait si bien, si simplement bien, si férocement bien et joyeusement bien aussi.

Alexis repart vers L.A. orphelin de père, il est très secret et peu loquace. À l'aéroport, sa peine et ma peine, côte à côte, nous sommes comme deux enfants abandonnés qui se disent au revoir dans une étreinte fébrile. Je retourne à mon loft comme je le fais trois fois par semaine pour constater la lenteur des travaux, car il n'en finit pas de se construire. Je suis impuissante devant ces entrepreneurs qui nous mènent par le bout du nez et qui le prennent de haut quand je m'impatiente, dans ces moments-là, la solitude me pèse, et mon fils me manque beaucoup. L'achat de ce condo commence à ressembler à ces histoires d'horreur où les entrepreneurs foutent le camp avant d'avoir finir les travaux.

Pendant ce temps, la santé de mon père se détériore, sa mémoire s'effrite, son regard s'embrouille, sa raison le quitte. Il lui reste trois ans à vivre, durant lesquels tous les inconvénients de l'extrême vieillesse vont l'achever. Durant ses dernières années de vie, je le verrai beaucoup et je pourrai faire la paix avec celui qui ne fut pas un père facile. Il n'a pas vécu la vie qu'il aurait aimé vivre – une vie d'artiste –, et sa colère l'a étouffé. Tout ce que les artistes contrariés par la vie n'ont pu exprimer se met à pourrir à l'intérieur d'eux. Souvent ils en meurent. Je n'ose même pas penser à son mal de vivre, lui qui aimait tant la vie. Ce qui est salvateur dans une vie d'artiste, c'est que tout peut être transformé par la créativité.

Le retard dans la construction de mon loft m'oblige à errer d'appartements d'amis en studios, sans mon nouveau piano, mais avec un projet qui me sauve la vie pendant ces temps difficiles : un livre (*Signé Louise*) qui raconte, dans un mode où la fiction et la réalité se mélangent, l'histoire cachée de quelques-unes de mes chansons. Par exemple celle de *Pourquoi chanter* avec laquelle, en 1979, à Sopot, en Pologne, j'ai gagné le premier prix d'interprétation sans qu'on me le donne officiellement. Monique Leyrac et Robert Charlebois avaient été les lauréats des deux années précédentes. Or la Russie, très puissante dans l'organisation du concours, avait envoyé cette année-là leur plus grande star à condition qu'elle remporte la victoire. Toute l'histoire des délibérations du jury m'a été racontée par mon jeune interprète Micha, qui parlait islandais et avait été le traducteur d'un des membres du jury. Après de longues délibérations, tiraillé qu'il était entre la promesse faite aux Russes et son coup de cœur, le jury avait finalement résolu de donner le prix à la chanteuse russe. J'ai alors compris pourquoi, en entrant dans la salle avec ses gardes du corps, la chanteuse Tania Kondakova s'était dirigée vers ma table pour m'offrir un énorme bouquet de roses et une bouteille de champagne. J'avais gagné, mais le président du jury devait respecter l'entente faite au préalable avec les Russes. Quand même chic de la part de Tania Kondakova, non ?

Juillet 2003, mon père meurt après trois jours d'agonie. Je suis en spectacle à Québec lorsqu'il tombe dans le coma. Même si je l'ignore, je n'ai aucun plaisir à chanter ce soir-là, je pressens le pire – et c'est effectivement le pire show de ma vie. Moi qui ai une peur bleue de la vitesse, je demande à Eddy, mon ingénieur du son qui a une vieille Mustang « customisée », de me descendre à Montréal le plus rapidement possible... À deux heures du matin, un message m'attend : « Votre père est dans le coma, votre sœur est auprès de lui. »

Je le retrouve tout petit, comateux, c'est la canicule, il fait trente-sept degrés dans sa chambre, ma débarbouillette froide le rafraîchit trois secondes à peine. Sa musique classique en sourdine sort de son vieux *ghetto blaster*. Je parle sans arrêt. Je lui raconte mon livre (*Signé Forestier*) et mon nouvel appartement bientôt prêt. Ma sœur quitte la chambre pour me laisser seule avec lui. J'ai des choses à lui dire, persuadée qu'il m'entend, alors je murmure tous les « je t'aime » en retard et surtout les mercis : « Oui, tu as été un bon père, à ta façon, difficile à prendre pour la petite fille que j'étais. Oui, tu as parlé trop fort et trop souvent, mais quand tu chantais, tu étais l'homme le plus doux et le plus touchant du monde. » Merci pour la voix.

Sous mes yeux, il se délite, je veille sur lui, l'infirmière m'explique les dernières phases de son agonie. « La fin approche », me dit-elle. Le mot fin me fait paniquer, mon cœur bat très vite, j'ai peur, ça passe, je me calme en me penchant sur sa poitrine pour entendre les derniers battements de son cœur. Pour l'infirmière, tout est normal, il y aura bientôt un dernier battement de cœur. Par son professionnalisme, elle me guide, me réconforte. Je ne veux pas le rater, ce dernier battement. Toujours à l'écoute, je comprends qu'il me parle pour la dernière fois de sa vie, et il me parle avec son cœur. Les battements faiblissent. Je n'ose pas bouger, un long silence et un dernier battement, synchronisé avec la mort, éteint son regard dans une spirale vers l'infini, happé vers le grand *nowhere.* Petit père, tout petit père seul dans l'infini, c'est donc ainsi qu'on va finir nos vies !

Fini, plus de père, et sans que je le sente monter en moi, plus fort que moi, un sanglot qui résonne le long des murs de l'étage où les autres, les fragiles, les oubliés, les derniers compagnons, appuyés contre la porte de leur chambre, comprennent que « M. Bellehumeur est mort ».

Le 3 juillet 2003, je suis orpheline. Une grande paix m'entoure, j'ai pardonné à cet homme la violence de ses sentiments à mon égard. Moi, je reste, je vis avec sa voix au fond de la gorge, et non sa douleur. La voie est libre.

À la fin août 2003, j'emménage enfin dans mon condo. Sans l'aide professionnelle de ma nouvelle comptable, j'aurais probablement tout laissé tomber. Dans ce loft, je connaîtrai des gens extraordinaires dont l'un d'eux est devenu un ami très cher. Propriétaire, j'aime le sentiment d'appartenance à une petite communauté. N'ayant pas eu une vie de famille, quand j'en frôle une, je m'y niche. Mais malgré ces voisins chaleureux, je me sens loin de tout et de tous. Je fais tout pour apprivoiser Hochelaga, mais Hochelaga ne se laisse pas faire. Et moi non plus. À soixante ans, c'est difficile de se déraciner. Quatre ans plus tard, je déménagerai près du centre-ville, je vendrai mon auto. J'aurai vécu dans Ahuntsic, NDG, Outremont, le Vieux-Montréal, Westmount, Hochelaga, le Plateau Mont-Royal, j'ai dû déménager douze fois dans ma vie. Un peu de stabilité ne me fera pas de mal. Mais avant de quitter Hochelaga, on me convoque en audition pour *Le Négociateur*.

Auditionner, c'est un bien grand mot! J'arrive «tout croche», mal à l'aise, pas sûre de mon texte. Je suis franchement mauvaise avec ce jeune comédien qui me donne la réplique. J'explose en disant que je suis pourrie en audition, que j'aimerais bien lui montrer ce que j'ai dans le ventre, mais pas de cette façon-là. Danielle Dansereau a écrit un personnage trippant: Irma, ex-prostituée tenancière d'un bar, qui, au deuxième étage de son bar, donne un *break* aux filles rendues à boutte de la vie de prostituée.

Le réalisateur, Sylvain Archambault, après avoir demandé au jeune comédien de quitter la salle, me demande d'improviser une scène qu'Irma avait vécue dans sa jeunesse et qui avait laissé une cicatrice sur son bras droit. Après avoir réclamé sa liberté à son *pimp*, pour toute réponse, il l'avait aspergée d'acide. En se cachant la figure avec le bras, elle a sauvé son visage, mais brûlé son bras. Sans texte, je suis libérée. À la fin de l'impro, je braille comme une Madeleine, Sylvain me serre dans ses bras. Je me souviens lui avoir dit : « Le résultat, je n'ai aucun pouvoir là-dessus, mais le *fun* que je viens d'avoir, je ne l'oublierai jamais. » Le lendemain, je reçois un appel de M. Gabriele, le producteur. Je serai Irma.

C'est ma première journée de tournage avec Sylvain Archambault, le réalisateur. Première scène dans un sous-sol d'immeuble glauque et humide. J'ai le trac, je dois donner une réplique en tournant la tête vers la caméra, sans la regarder, bien sûr. J'entends la voix de Sylvain: « Coupez, on n'est pas au théâtre ici, madame Forestier... » J'ai eu trois secondes pour digérer la remarque, piler sur mon orgueil et ajuster mon jeu. C'est là que tout s'est joué: ça passait ou ça cassait. Il avait visé juste.

Deux ans de bonheur durant le tournage, mais deux ans de travail, d'horaires invraisemblables avec l'émission *Je l'ai vu à la radio* diffusée en direct tous les samedis après-midi. Les spectacles à voir pour l'émission, le tournage du *Négociateur* dès l'aube deux ou trois jours semaine, l'écriture des nouvelles chansons avec Alexis pour notre album *Éphémère*. Tout ce que j'aime... en même temps.

Irma me comble, je gagne le Gémeaux de la meilleure actrice dramatique 2007, mais, depuis, rien ou presque rien. J'aurais aimé qu'il y ait des retombées avec ce Gémeaux, mais je choisis de ne pas me poser trop de questions. Ça fait partie du métier: les incohérences du destin. J'ai soixante-cinq ans et je m'amuse avec tout ce que la vie m'apporte en défis inattendus. Tout pour me tenir loin de la chaise berçante! Je ferai deux saisons du *Négociateur* tout en faisant mon émission de radio.

Ma gang de radio (comme je les appelle) et moi sommes toujours heureuses de nous revoir le samedi pour parler des spectacles de la semaine qu'on voit en duo. Le public bénéficie de deux points de vue sur les spectacles. On ne partage pas nos opinions avant l'émission pour installer un suspense et pour éviter l'aspect incestueux d'une gang qui finit par penser de la même façon. L'émission durera sept ans. Je fais des chroniques avec mes nouveaux amis et ma nouvelle amie Rafaële Germain.

Six mois après le début de l'émission, quelqu'un à l'interne me demande :

« Comment ça se passe à l'émission ?

– Bien, on commence à s'amuser.

– Ah ! On était sûrs que la chicane allait pogner. »

Je ne lui raconte surtout pas ma crise de panique juste avant la première de l'émission. Voilà : je n'avais pas lu ma feuille de route avant l'émission, erreur de débutante, je ne sais donc pas que je serai la première à parler ! Quand Franco Nuovo me demande : « Et vous, Louise Forestier, c'était comment la pièce que vous avez vue ? » mon cœur cogne si fort dans ma poitrine que je suis sûre que les auditeurs l'entendent. Ça m'a pris une dizaine d'émissions pour me sentir à l'aise.

J'apprendrai beaucoup sur la hiérarchie des entreprises grâce à la radio. Je suis la patronne dans ma petite entreprise, mais c'est différent dans les grandes entreprises. Je fais partie de la « gang ». J'apprends un nouveau métier avec Georges Nicholson comme mentor. Je côtoie Dany Laferrière et j'adore sa liberté lumineuse, sensible, pleine d'humour ; Mario Roy, et son amour de la musique rock en particulier et des femmes en général. Jacques Bertrand et Nicolas Titley, le petit Nicolas comme on l'appelle avec tendresse, viennent nous rejoindre pour les deux dernières années. Et puis Rafaële Germain, qui comble mes trous de mémoire concernant les noms de famille... Elle me fait découvrir tout un pan géopsychopolitique de sa génération un peu tordue ! J'apprends surtout à atténuer mes jugements sans les affadir pour autant. Je demande une faveur à une amie artiste, comédienne et auteure, celle d'écouter mes commentaires les plus instinctifs (*trash*) à propos des spectacles, pas pour tous les spectacles, mais à propos de ceux qui me déplaisent ou m'ennuient. Lorsque mon « méchant » est sorti, inévitablement elle me réplique : « Tu vas pas dire ça ? » « Non, c'est pour décanter mes jugements trop impulsifs, maintenant je peux réfléchir, j'ai jeté le " méchant " hors de moi. » Elle est rassurée et moi aussi. Avec le temps, je me contrôle, mais sans me censurer, je veux arriver à exprimer mes opinions sans faire mal à quiconque. Ça n'a pas toujours fonctionné, j'ai eu trois courriels de commentaires difficiles à prendre. « Les risques du métier », me disent mes camarades de travail...

Une fois l'émission terminée, on prend un verre ensemble, on rit beaucoup. Pendant l'émission, mon rire deviendra plus vedette que moi... La radio en direct avec un public, ça nous va bien à tous. La septième année, nous avons doublé notre cote d'écoute et puis paf ! Fini. Un nouveau patron se doit de faire ses marques, nous sommes cavalièrement remerciés (si au moins on l'avait été...). Dans les grosses boîtes, on nous enterre vivants, sans cérémonie, et surtout sans respect.

La fin de notre émission a créé un vide dont les auditeurs me parlent souvent. Ainsi va le métier, on se rencontre, on s'aime ou on se déteste, on se sépare, on se cajole, on se comprend, on se console, mais au bout du compte, on est toujours tout seuls au monde, comme l'a écrit Plamondon ! Pas tout à fait vrai, plusieurs sont restés de bons amis. J'aurai eu sept ans de bonheur à la radio. J'ai appris beaucoup en voyant mes pairs travailler. À l'émission, j'ai vu défiler toute la relève que je connaissais déjà à cause de mon travail de coach. Je les écoutais, curieuse et heureuse de les voir renouveler le répertoire de la chanson québécoise.

Quelques-uns m'ont reproché ce travail de critique, mais après quarante ans à l'intérieur de ce métier, je me sentais capable de parler en tant que professionnelle de cet intérieur, justement. Quand on m'a offert ce travail, j'ai réfléchi, j'ai eu des scrupules, ils m'ont quittée rapidement. J'étais une spectatrice à nouveau. Moi aussi j'avais envie de trouver quelquefois réponses à mes questions, caresses à mes oreilles, plaisir à mes yeux, réconfort à mon cœur et, pourquoi pas, paix à mon âme en allant voir des shows de toutes sortes. Et j'avoue que le plaisir d'avoir une paye régulière pour une fois dans ma vie n'était pas négligeable !

DIX-SEPTIÈME TIROIR

J'ai trouvé la clef !

TOUTES CES CARRIÈRES EN PARALLÈLE, la radio, le jeu, l'enseignement, m'occupaient presque à temps plein. Mais la chanteuse, elle, commence à se sentir abandonnée. Après la publication de *Signé Forestier* en 2003, j'enregistre *Lumières* avec de nouveaux musiciens et Jean-François Groulx (qui a conçu un arrangement génial de *La Saisie*).

J'écris des nouveaux textes pour cet album, mais je comprends, non sans frustration, que mon producteur veut un *best of* de mes chansons. Après réflexion, je fais un compromis avec lui. Trois nouvelles et dix anciennes. Mais ce compromis me coupe l'envie d'écrire à nouveau, comme si ce que j'écris n'intéresse plus personne. Je n'aime pas cette sensation, je sens qu'il me faut aller ailleurs, écrire autrement, retrouver une spontanéité dans mon écriture pour chanter différemment. Je me dois d'accepter ce passage à vide et d'accepter surtout de ne pas encore avoir trouvé la solution. Comme toujours, je passe à l'action, je monte un show avec quatre musiciens dirigés par Jean-François Groulx. Il y avait bien dix ans que je n'avais pas chanté avec un band. Je suis ambivalente quant au résultat, ça n'est pas assez zen ou assez rock. Je me cherche une nouvelle motivation, elle se fait attendre.

Un jour, j'appelle Robert Lepage, l'homme le moins occupé du monde ! J'obtiens un rendez-vous à

Québec. Je veux explorer et travailler avec lui. Pour le travail, ça ne concordera pas, mais pour l'exploration, je serai servie, il sera très généreux avec moi. On parle pendant des heures, je lui avoue mon impuissance à écrire et, parmi les confidences et les remarques, il me dit ceci : « On ne peut pas tirer sur une fleur pour qu'elle pousse. »

La voix de Robert Lepage, son calme, le temps qu'il m'accorde, le partage d'une partie de son intimité, sa générosité quand il vient chez moi pour voir mes premières peintures, cette façon de dire les choses comme s'il me connaissait depuis toujours, cette voix de confessionnal qui donne envie de tout lui dire et ce sens de l'humour corrosif qui propulse des vérités lourdes de sens jusqu'au cœur de la cible. En cadeau, tous ces voyages qu'il nous offre de spectacle en spectacle, cette puissance qui se dégage d'un homme dont le murmure perce les murs pour m'offrir la lumière dont j'ai tant besoin à ce moment-là dans ma vie, vieille de soixante et quelques années.

Robert m'a laissé une empreinte, celle de libérer l'imaginaire de toutes ces fadaises intellectuelles qui peuvent justifier trop souvent nos pertes de confiance. Oui, le doute est normal, mais l'action est primordiale ! Tout ça restera en moi pour toujours.

Comme je l'explique à Robert Lepage en lui montrant mes premiers tableaux, le goût de peindre m'a reprise. Jeune, j'avais hésité entre les Beaux-Arts (je dessinais des portraits) et l'École nationale de théâtre et j'avais envie de retourner à mes premières amours, pensant, avec raison, que la peinture allait m'aider à écrire autrement.

En 2005, je m'inscris à des ateliers de peinture chez Seymour Segal. L'atelier est situé au coin de Masson et De Lanaudière dans l'ancienne usine Lowney's. Nous sommes une douzaine de barbouilleuses, comme on s'appelle entre nous sans prétention. J'ai envie de faire sortir mon «*Alien* intérieur» : tout ce que je peins au début me semble monstrueux. Ça n'est pas esthétiquement beau, mais ça n'a aucune importance, je m'amuse. Quand je peins, je suis en transe. Sans rien décider à l'avance, sans jamais penser en peignant. Ce sera sur toile ou sur papier. Parfois, je choisis mes tubes les yeux fermés et je m'oblige à peindre avec ces couleurs choisies au hasard. J'ai mes pinceaux, mes pots d'eau, mes guenilles, mes spatules, mes papiers journal, et je peins, je n'arrête pas ! Je ne recule pas pour voir le résultat, je tourne la toile à l'horizontale, à la verticale, je l'asperge d'eau et de couleurs, je la maltraite ou je la cajole. Je ne pense plus, je souffle, je respire très fort, pas besoin de musique, je n'entends plus rien de toute façon. Soudain, je cloue *la chose* au mur et j'en commence une autre et puis une autre. Deux heures et demie plus tard, je suis à boutte, toute sale, je rentre chez moi, les travaux sous le bras, je les étends sur le comptoir de cuisine, ils se reposeront de moi jusqu'au lendemain matin où des visages inconnus, des chiens bleus, des insectes impossibles me révéleront tout un univers qui ne pouvait s'exprimer autrement. Quand je ne découvre rien, je m'en sers pour peindre par-dessus à la séance suivante. Je ne les juge pas. Les toiles parlent ou ne parlent pas, c'est comme les textes. Il y a des textes avec plein de mots qui ne disent rien. Mes textes ont recommencé à me parler après une année de peinture chez M. Seagal. Je peux commencer à travailler à un prochain album.

Entre-temps, je dois faire mon stage annuel en juillet à Petite-Vallée. À la fin du festival, en déposant ma valise pour la neuvième année consécutive dans le coffre de l'auto pour me rendre à l'aéroport de Gaspé, le directeur du festival me dit : « On est en 2007, ça fait des années que j'ai la même formule. L'an prochain je change tout. » Ça tombe comme un couperet !

J'aime bien ces rencontres avec les jeunes, j'aime transmettre mon expertise et pousser en bas de la falaise les plus doués, de toute façon ceux-là ont des ailes ! Je quitte l'anse et mon petit chalet, Mme LeBreux et sa fille, la corde à linge carrée et le vent de la mer et, surtout, cette jeunesse qui ne l'avait pas facile et qui m'a stimulée pendant dix ans.

Je coache encore, de temps en temps. Je chante depuis quarante-cinq ans, je chanterai encore pour des occasions spéciales.

Les plus jeunes ont une nouvelle façon de faire le métier que je reconnais de moins en moins, c'est normal. Ils n'ont pas besoin de s'adapter, ils créent les nouveaux diktats du métier et c'est avec respect que je marche sur leurs nouvelles marques quand elles me mènent où j'apprends encore, ce qui correspond à ma définition de l'artiste. J'ai une vision quasi mystique du travail de l'artiste. Ma voix s'est développée dans l'écho des églises, ça marque !

Il y a aussi les cicatrices que des périodes d'amertume ont laissées. Je ne veux pas imprimer mes déceptions dans le cœur des jeunes. Ils sont sans doute équipés pour leurs batailles avec leurs armes pour traverser ce que je qualifie de désert, mais qu'eux doivent qualifier de domaine ou de territoire. Quelquefois, on m'appelle pour défaire un nœud, alors la nœudrologue accourt !

À la suite de ma rencontre avec Robert Lepage, je me demande quel rêve je n'ai pas encore réalisé. Écrire et faire un album avec Alexis, mon fils : la voilà, la fleur dont parlait Lepage. Alexis répond : « Je suis là, on y va. »

Pas un producteur ne semble vouloir produire l'album. Je ne vends plus beaucoup, par quel miracle en vendrais-je plus en ce temps de crise ? Je tiens à notre projet, je demande une bourse du CALQ. Je l'obtiens. Je deviens productrice. J'ai enregistré vingt-deux albums, mais aucun avec mon fils, lequel vient de rentrer au pays après un séjour de cinq ans en Californie comme réalisateur et compositeur. Il a déjà quinze ans de métier, il m'entend chanter depuis sa conception, il possède la clef pour couvrir mes chansons de nouvelles sonorités sans pour autant trahir la chanteuse. Il insiste pour que je fasse les mélodies et c'est moi qui demande de travailler simultanément les paroles et la musique comme on faisait dans les années soixante-dix.

On se dit : commençons par écrire les chansons, si ça marche, on les enregistrera. Il nous faut du nouveau matériel, partir d'une feuille blanche à deux. J'apporte mes premiers jets au studio. Si le texte nous inspire, on le travaille : j'improvise une mélodie et Alexis, au clavier ou à la guitare, trouve les accords, le rythme et la structure. Il a droit de parole sur tout. Interdiction d'arrêter pendant la composition musicale, interdiction de se juger au fur et à mesure. Après un petit démo guitare-voix, on passe au prochain texte. Quelques semaines plus tard, on réécoute, on jette ou on garde, en général on est presque toujours d'accord. J'aime cette légèreté dans la création. J'ai un réalisateur rigoureux, je découvre une oreille hypersonique que je ne me connaissais pas !

« Il y a juste un M dans j'aime », me dit Alexis dans mes écouteurs. Euh… Je suis bouche bée. Dès lors, j'ai tout simplifié dans mes interprétations. Il entend tout. Je suis là, derrière la vitre, tout ce que je déteste quoi, et le gars de l'autre bord, c'est mon fils Alexis Dufresne. J'ai quarante-cinq ans de métier et je comprends qu'il faut repartir à zéro pour aller plus loin. Avec mon fils, le jeu de la séduction, ça ne fonctionne pas. Que me reste-t-il ? J'ai trouvé : je chante pour faire plaisir à la chanson. La chanson s'éloigne de moi, elle devient une entité, alors Alexis et moi on la ponce, on la frotte, on lui demande d'être vraie et juste, point à la ligne.

Il n'y a rien de *glamour* dans ce studio où personne ne vient.

On n'est pas en représentation, on tâtonne, on cherche. Alexis et moi refusons de faire entendre des brouillons. Mes proches trouvent ça difficile à comprendre. Quelque chose pourtant a changé, nous ne sommes plus dans les années fastes où l'artiste ne savait même pas combien coûtait son album. Nous, on sait que les heures ne seront pas payées pour ce qu'elles valent, mais la musique et le bonheur de travailler avec Alexis n'ont pas de prix à ce moment-là dans ma vie.

Nous avons peut-être produit notre album comme dans le temps, mais je ne me suis tout de même pas déguisée en jupe à volants pour chanter ! Nous avons retardé la sortie de l'album d'avril à août, il n'était pas prêt. Les paroles de Lepage m'habitaient : « On ne tire pas sur les fleurs pour qu'elles poussent. » Encore faut-il que la terre soit riche, et elle l'était. On a eu raison, l'album est très bien reçu.

Après la sortie de l'album, je n'ai pas envie de refaire la course aux producteurs pour un nouveau spectacle. J'explique à mon équipe qu'il y aura un spectacle à la seule condition qu'un producteur se manifeste. Un jour, dans l'escalier du Mont-Royal, j'entends une voix masculine derrière moi: « Maudit bel album… » C'est Claude Larivée de La Tribu, producteur et réalisateur. Il m'offre de produire une tournée de cinquante spectacles. Entre-temps, Jacques K. Primeau produira le show à Montréal. La première aura lieu au National, rue Sainte-Catherine, un petit théâtre burlesque des années trente où la Poune a connu ses heures de gloire.

Le théâtre n'est pas rénové, il est semblable à certains petits théâtres rouge et or du début du vingtième siècle à Paris qu'on appelle «bonbonnières».

Mais avant d'arriver sur scène, il faut choisir avec Alexis et P.-A. (Pierre-Alexandre Bouchard), membres du groupe El Motor qui m'accompagne, les chansons du show. Je voulais chanter les onze chansons de l'album et onze anciennes chansons des années 70-80-90 qu'Alexis et le groupe arrangeraient selon leurs sensibilités de musiciens des années deux mille. À la demande d'Alexis, je n'assiste pas aux répétitions. Jamais je n'ai accepté des conditions semblables, mais le fils a besoin d'un vote de confiance, la mère a tout intérêt à le lui donner, je lâche donc prise et, surtout, je fais confiance à ceux et celles qui travaillent avec moi.

À mon âge, cette nouvelle attitude marque le début d'un détachement nécessaire pour «voyager léger». Les bonnes surprises apportées par cette nouvelle attitude sont nombreuses, dont celle d'entendre, après trois semaines de répétitions, les nouveaux arrangements du groupe sur mes anciennes chansons. Le résultat est tel qu'on a peine à distinguer l'âge du répertoire. Toutes les musiques s'amalgament les unes aux autres, s'imbriquent les unes dans les autres sans que rien semble forcé, et tout ça pendant une heure quarante minutes sans entracte.

Le soir de la première, nous avons frôlé le désastre. Je m'explique : dans la deuxième rangée juste en face de moi, entre la première et la deuxième chanson alors que je parle au public, un homme assez âgé couvre quasiment ma voix en criant : «*Aime mon cœur*» (une chanson de mon répertoire des années soixante-dix écrite par Lawrence Lepage). Je l'ignore, enfin j'essaie, et j'enchaîne avec ma deuxième chanson. Une fois la chanson terminée, il s'enhardit et réclame à nouveau, mélodie à l'appui cette fois, sa chanson. Le public autour de lui s'impatiente. C'est un soir de première, j'ai un trac fou, on marche sur un fil, mes musiciens et moi, j'ai besoin de toute ma concentration. Je n'ai pas rodé mon show, mon nouveau répertoire n'a jamais été chanté *live,* les gars n'ont jamais accompagné une chanteuse, ils font leur propre matériel d'habitude, et voilà qu'un « pété » plus ou moins à jeun se met à chanter sa chanson sur les miennes.

Je sais que quatre-vingt-dix-neuf pour cent du public n'est pas conscient du combat que je mène pour ne pas lui sauter dessus. Le show commence à peine, rien n'est encore installé entre moi et le public, et je me vois mal engueuler l'épais… ça créerait un malaise assez embarrassant, merci ! Finalement, un agent de sécurité s'avance péniblement jusqu'à lui pendant une chanson puisque j'ai choisi d'ignorer la chose et de faire comme si de rien n'était. Il se calme d'abord mais il recommence quelques minutes plus tard. Je me dis que je devrai faire avec jusqu'à ce qu'un spectateur le sorte ou l'assomme. Le gardien revient à la charge, le fatigant le suit et la paix s'assoit à sa place en me faisant un clin d'œil complice. Je me calme, me concentre avec mon mot d'ordre en tête, ce mot que j'ai choisi pour cette série de spectacle : « Donner ». C'est fou, j'ai eu à tester mon *self-control* pour pouvoir le faire.

La première a été un grand succès, une réussite totale pour moi et El Motor. On crie, on s'embrasse, et mon fils, discrètement, me serre dans ses bras. Mon amie Lulu, celle qui « gère » mon trac, mes costumes, mes souliers, mon *maquillage* et autres détails du genre, car je deviens inopérante avant et après un show, est ensevelie sous les bouquets et les baisers de l'équipe. Elle m'envoie des becs de sa main de fée. Et ma gérante… pleure ! Mon producteur itou.

Dehors, il neige sur mes bouquets, sur mon bonheur, sur la rue Sainte-Catherine et j'ai à ce moment précis une vision de la Poune qui sort du Théâtre National où elle a joué des centaines de fois, en me disant de sa voix rauque : « C'est l'fun, hein… quand ça marche ! » Je veux juste m'asseoir sur un banc de neige, boire un verre de champagne et remercier toute ma gang jusqu'au lendemain matin.

Nous partons ensuite pour une tournée échelonnée sur un an et demi. J'ai eu d'excellents musiciens pendant des années, mais jamais je n'ai travaillé avec un groupe. C'est quelque chose ! Ce sera une communion, presque une fusion, pendant dix-huit mois. Je serai accompagnée, soutenue, entourée par une gang exceptionnelle, de l'ingénieur du son au régisseur.

Je vais « refaire » le Québec avec une nouvelle génération, certains n'ont jamais vu la Côte-Nord où l'Abitibi. Quand c'est trop beau, on descend de la *van* pour admirer. Moi qui ai fait le tour du Québec au moins vingt-cinq fois, je reconnais ces paysages qui font partie de mes gènes. En tournée, je deviens le Québec. J'aime Montréal, mais j'ai besoin d'en sortir, car ça me donne mon air libre, mon air de Québécoise! J'aime faire de la route, c'est la plus belle partie de la tournée. Les gars font jouer des musiques que je ne connais pas, la route me berce, je me vide la tête. Le nez collé sur la vitre de la *van,* dans ma tête j'ai vingt ans, mais, après un an et demi de tournée, dans mon corps, j'ai... mon âge!

Le dernier spectacle a lieu le 17 juin 2010 aux Francofolies de Montréal. En tournée, les salles ne sont pas remplies. Selon les diffuseurs, la chanson n'attire plus comme avant. Je ne sais pas s'ils veulent m'épargner le choc des salles à moitié pleines, mais le public est toujours heureux de nous revoir. On travaille tous au salaire minimum. Je trouve ça ingrat pour mes musiciens, pour tous les jeunes artistes. J'aurai vu venir la dégringolade à la fin de mon parcours. Mais c'est un cycle, le spectacle « vivant » n'est pas mort. Pas fort, mais pas mort.

C'est pourtant élémentaire : les artistes, y faut que ça mange pour faire des bonnes chansons et des bons spectacles! Je me questionne beaucoup sur la négligence du Québec et du Canada envers ses artistes. La précarité dans laquelle ils doivent survivre... Quand on est jeune, ça s'endure, quoique... Mais quand on est plus âgé, c'est irrespectueux.

Le pouvoir des arts n'est pas facile à discerner. Comment jauger l'apaisement que certaines œuvres procurent aux gens, les réponses qu'elles donnent à certaines de leurs questions ? C'est primordial : nos dirigeants doivent faciliter l'accès à l'art, ils doivent se rapprocher des artistes pour mieux comprendre leurs besoins. L'art temporise la brutalité de la vie. C'est un parechoc pour la société.

À ce propos, comme public, j'ai un souvenir merveilleux. À New York dans les années quatre-vingt-dix, j'ai vu jouer Al Pacino au théâtre. Il était à dix mètres de moi, il ne forçait rien. C'était l'histoire d'un pauvre monsieur à moitié saoul qui dessaoulait progressivement pendant une heure et demie. Quel tour de force. Je ne sais plus de quoi il parlait, c'était sans importance, ce qui touchait, c'était sa présence, son souffle, sa vérité d'homme et de personnage en communion. Quand on a la chance d'approcher d'aussi près l'état de grâce d'un si grand acteur, ce n'est pas la performance qui impressionne, c'est l'intimité qu'il nous offre. Vous allez, avec lui ou elle, ailleurs en vous : force du théâtre, force des grands et grandes. Question de s'enfuir autrement que dans les plaisirs grossiers.

Quelqu'un, un jour, m'a posé cette question :

« Mais qu'est-ce que vous avez à aimer la scène à ce point-là ?

— Avez-vous déjà vécu ça, un orgasme qui dure deux heures sans entracte ?

— Euh… »

ÉPILOGUE

AUJOURD'HUI, MA CARRIÈRE SE TRANSFORME, MA VIE AUSSI. Le détachement est un grand cadeau qui vient avec l'âge. C'est peut-être une façon de ne pas trop s'offrir à la déliquescence.

Écrire ce livre a été une façon de me reconnaître dans un parcours accidenté, certes, mais, comme disait le peintre Francis Bacon : « En art, les accidents sont salvateurs », ils vous propulsent hors de vous, bien haut dans les airs et vous permettent d'avoir un point de vue sur votre situation dans l'univers.

Mais en attendant sans attendre, il y a un signal que je ne raterai pas :

Le jour se meurt en silence / j'ouvre la porte aux secrets / ces mots sans destinataire/refusent encore de se taire / Je suis courage arraché / et tout espoir déchiré / quand vos yeux regardent ailleurs / les miens pleurent / Je voudrais cette énergie / ce regard qui dit oui allons-y / Je voudrais les ailes / d'un amour volé à l'éternité / Je crie je cogne et je sonne / je n'en peux plus de personne / où sont les mots souverains / qui calment et tendent la main / l'attente est une éprouvette / laboratoire clandestin / où la solitude s'apprête / en capsules ou en vaccins / La nuit se lève en silence / j'ouvre la porte aux étoiles / une lueur/ une espérance / un appel / un signal

Un jour ou une nuit, je ferai face au dernier *deadline,* au vrai *deadline,* quand le cœur n'y sera plus, ne voudra plus. Ça me frappe tout à coup : c'est une expression qu'on emploie dès le début dans notre métier. Un *deadline* à vingt ans, c'est une image, plus tard, c'est un rivage, beaucoup plus tard, c'est un ravage.

Peu à peu, tout va me quitter, la mémoire, la vue, le goût, l'équilibre. Je peux continuer longtemps cette énumération des manques, mais je me souhaite une seule chose : garder mon humour quand tout se détachera de moi. Mourir en riant, avec un rire comme le mien, ça serait la moindre des chances ! (Ou choses ?)

P. S. À surveiller la gang de jeunes femmes auteurs-compositeurs-interprètes qui montent si magnifiquement l'escalier de la reconnaissance. Mais attention, comme disait si bien Michel Tremblay : « La gloire, c'est une côte qu'on monte à pied pis qu'on descend en… tricyclette ! »

ÉCRIRE

Travailler mon style
Et refaire mes classes
Rayer l'inutile
Et gratter la surface

Oser mes images
Tenter mes audaces
Trouver mon langage
Ouvrir l'interface

REFRAIN
Pour qui écrire ? Pour moi d'abord
Écrire pour ne pas perdre le nord
Faire de ma vie un manuscrit
Toujours senti, jamais fini

Éviter la fuite
Et prendre ma place
Inventer la suite
Pour sortir de l'impasse

Jouer les mots pile ou face
Briser les consignes
Et laisser un signe
Une voie, une trace

REFRAIN

Pour qui écrire ? Pour moi d'abord
Écrire pour ne pas perdre le nord
Faire de ma vie un manuscrit
Toujours senti, jamais fini

SOLO

Jouer les mots pile ou face
Briser les consignes
Et laisser un signe
Une voie, une trace

PAROLE : LOUISE FORESTIER
MUSIQUE : JEAN-FRANÇOIS GROULX

Roxboro, le 23 décembre 2003

Ma chère Louise,

Je termine à peine la lecture de *Signé Louise* et me voilà devant mon ordinateur qui me sert de plus en plus de crayon. Belle mine, me diras-tu, pour un écrivain! L'essentiel de ton livre repose sur un travail de transmission; travail, me semble-t-il, qui se perd en ces temps modernes, particulièrement à l'école. Devrait-on parler du devoir de transmission comme on parle du devoir de mémoire ? Je le crois. Qu'est-ce que la culture sans transmission ?

Signé Forestier (spectacle de 1995, je crois) et Signé Louise (le livre) — c'est moi qui fait le lien à cause du mot signé — mettent de l'avant ta parole d'auteure en y projetant une lumière qui éclaire à fond — qui ne fait pas que briller — ta démarche d'écriture. Tes lettres fictives, en effet, adressées à toi-même, s'adressent aussi aux amoureux de tes refrains dont je suis, à ceux aussi qui un jour découvriront ta trace chansonnière, si intelligente, si authentique. (Je n'oublie pas notre projet de livre qui réunira tes paroles de chansons.). C'est cette générosité qui accompagne tes mots qui fait que l'on croit à tes lettres. Mais il y a plus. Il y a l'écriture elle-même, limpide, fluide, communicative. Il y a l'épaisseur du sens. Je comprends que tu sois habitée par ce désir de transmettre à d'autres les aspects d'un métier si formidable. L'intérêt du livre, précisément, c'est que tu le fais à partir d'une intériorité qui a tout à voir avec la réflexion, rien à voir avec la leçon superficielle de qui veut montrer sa réussite. Ce rapport d'intimité avec le lecteur, seule la lettre pouvait en permettre son efficacité. Bellement signé, je te dis.

Et puis, il y a la vérité toute humaine de l'artiste, ses convictions comme ses doutes. Dans ton livre, il n'y a pas de chanson (*Le Cantic du Titanic*, prenons cet exemple) qui ne soit en lien avec la personnalité et l'évolution de son auteure, et qui apparaît comme un retour aux origines : « Je suis née noyée, dans le silence de l'angoisse qui précède les grands naufrages ». Mais l'enfance est là, comme repère de théâtralité si je puis dire, qui n'étonne pas quand on pense au spectacle de *L'Osstidcho*. Mais là n'est pas mon propos. Quand on commence sa carrière dans les églises, on ne fait pas dans les salons. On fait avec ce que l'on porte en soi.

> Éduquée chez les religieuses, toute la théâtralité des rituels religieux m'inspirait des vocations diverses dont celle de la « sainte », j'arrive à cette culpabilité. [...] La douleur de vivre des autres, je la captais trop, elle se déposait comme un oiseau de

malheur sur mes cordes sensibles et vibratoires. Alors, sans envie de gloire, sans ambitions démesurées, j'ai chanté pour ne pas sombrer, et je me suis mis en bouche des textes qui, déposés sur mes cordes vocales, changeaient mes oiseaux de malheur en musiques. Cette douleur de vivre m'a servi de carburant dans un métier que j'aimais de plus en plus, et qui me sauvait du naufrage ».

Comprendre que l'amour ne s'achète pas (*La saisie*), ne plus avoir peur du succès quand on a son talent (Foglia), donner de la force à sa voix en donnant, en devenant universelle (*La femme accrochée*), être avec la femme et la chanteuse (*Prince-Artur*), arrêter les rénovations… du visage (*La dernière enfance*), cesser de souffrir à la place de l'autre (*Quand tu voudras*), etc. : autant de composantes de l'existence qui mesurent la maturité à laquelle et la femme et l'artiste sont arrivées. Dans *Signé Louise*, chaque chanson est un chapitre de vie exemplaire par la vérité et l'émotion authentique dont chacune témoigne. « De la belle ouvrage ! » Comme cela s'entend chez nous, dirait Vigneault.

Je retiens, pour ma part, que, chez toi, chanter — et désormais écrire — soulèvent non seulement ton âme, mais celle de ton public, qu'il soit spectateur ou lecteur. Tu devras continuer à écrire pour ce temps qui nous reste… L'histoire n'attend pas le succès pour se rappeler de nous. Il suffit, comme tu l'as fait dans la chanson, d'en changer le cours pour ne plus penser à ton retour « à l'anonymat quand la mémoire collective des Québécois m'aura effacée ». Ce trop plein d'humilité ne peut nous faire oublier tes traces si justes et si profondes de femme et de créatrice qui en appellent à notre mémoire, et dont par la transmission, tu en assumes, par tes écrits, la pédagogique responsabilité.

Allez, ma chère Louise, que la nouvelle année répande sur toi la neige blanche de la tendresse et de la complicité. Puis l'été replongera dans l'amour avec la verte espérance de la joie.

toute amitié

Bruno

Bruno Roy

PRIVÉ

PRIVÉ

HAUT 1946. La famille Bellehumeur au grand complet avec grand-mi Alice. (Je suis entre ma mère et ma grand-mère.)
BAS 1949. Avec mon père, entourée de mes deux soeurs, au lac à la Tortue.

RONALD LABELLE

1968. Moi, Yvon Deschamps, Mouffe et Robert Charlebois au Quat'Sous dans la première version de *L'Osstidcho*.

PAGE PRÉCÉDENTE 1967. Cour de triage, chemin Bates.

1968. Yvon Deschamps et moi.

HAUT 1969. Bruno Coquatrix, le directeur de l'Olympia nous conseille lors d'une répétition. **BAS** *Moi, ma maman m'aime,* 1969. Gilbert Chénier, moi, Pauline Julien, et Yvon Deschamps.

HAUT 1969. En répétition à l'Olympia.
BAS 1969. En coulisses à l'Olympia.

1969. Robert Charlebois et moi devant La Madeleine à Paris

1969, Olympia. Doc Préfontaine au saxophone.

1969. Gilles Vigneault, Alison Foy, Robert Charlebois et moi à la Brasserie Lipp.

PAGE DE GAUCHE De retour de mon séjour en Espagne après l'Olympia en 1969.

Coke

HAUT 1970. Denise Filiatrault et moi dans *Demain matin, Montréal m'attend.*
BAS 1970. La dernière scène de *Demain matin, Montréal m'attend.*

PAGE PRÉCÉDENTE 1970. Dans ma loge avant une représentation de *Demain matin, Montréal m'attend.*

HAUT GAUCHE 1971. *IXE-13,* Taya, la reine des communistes chinois. **HAUT DROIT** 1971. *IXE-13,* Gisèle Duboeuf. **BAS** 1971. *IXE-13,* Linda Johnson.

PAGE SUIVANTE 1975. Jean-Guy Moreau et moi sur la scène de l'Outremont.

HAUT 1975. *Louise à l'Outremont.* **BAS** Juin 1975. En séance de travail pour le spectacle de la Saint-Jean intitulé *Happy Birthday* sur le Mont-Royal.

En compagnie de Luc Plamondon lors du lancement de l'album *La Passion selon Louise*.

LOUISE FORESTIER

''JE SUIS AU RENDEZ-VOUS''

THEATRE DE QUAT'SO[...]

100 EST, AVENUE DES PINS, MONT[...]

A 20H DU MARDI 18 AU DIMANCHE 30 OCTOBR[...]

BILLETS: 12,50$ AU GUICHET TOUS LES JOURS DE MID[...]

what a Talent

«Après une longue absence de cinq années, elle avait une envie folle de remonter seule sur scène. Avec la complicité de LUC PLAMONDON, elle a donc élaboré un spectacle qui n'a rien d'un tour de chant conventionnel. Parce que la vie et le métier sont pour elle indissociables, elle s'est servi des chansons qui ont marqué sa carrière pour construire un scénario où, en utilisant tous ses moyens d'expression, elle se ranconte... en passant du rock'n'roll à l'humour, de la grande chanson au blues, du folklore à l'émotion et de la chanson réaliste à la gigue.»

To Louise Forestier
with my admiration
we need new words
to describe what
a woman you
are.

R. LEDOUX
X

Un merci tout spécial à Francine Ruel, Michèle Magny, Jean V et Alexis Dufresne, Michèle Pilon, Mouffe et Marc Drouin.

21-10-83

1983. Le programme du spectacle *Je suis au rendez-vous* avec un mot d'un admirateur.

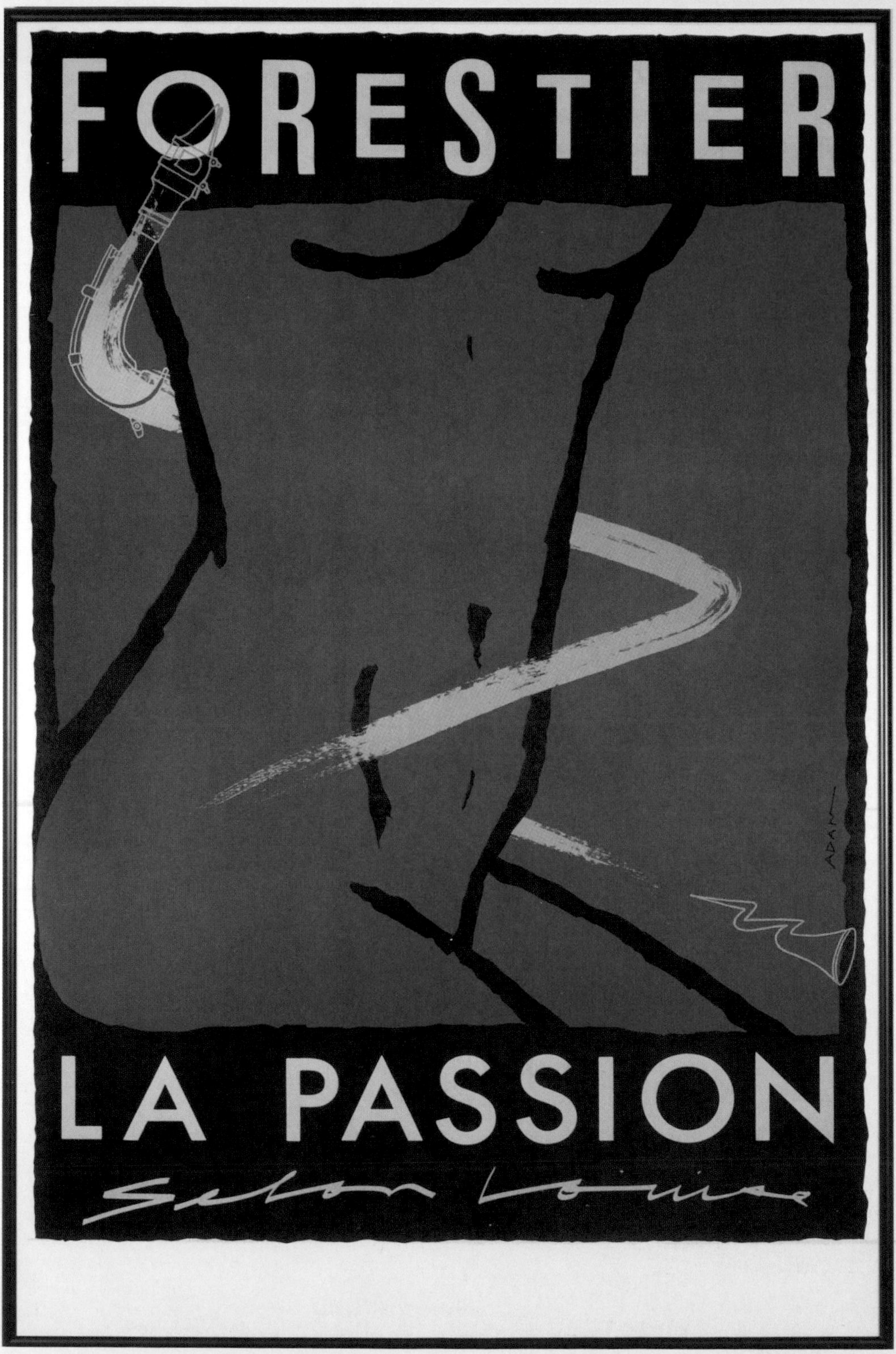

FORESTIER

ADAM

LA PASSION

Selon Louise

L'atelier de Seymour Segal à Saint-Camille.

PAGE DE GAUCHE La magnifique affiche de *La Passion selon Louise* d'Yvan Adam.

PHOTO LUCIE CHICOINE